초판 인쇄일 2017년 5월 8일
초판 발행일 2017년 5월 15일

지은이 배정현
그림 강한솔
발행인 박정모
등록번호 제9-295호
발행처 도서출판 혜지원
주소 (10881) 경기도 파주시 회동길 445-4(문발동 638) 302호
전화 031) 955-9221~5 **팩스** 031) 955-9220
홈페이지 www.hyejiwon.co.kr

기획·진행 박혜지
디자인 김성혜
영업마케팅 김남권, 황대일, 서지영
ISBN 978-89-8379-931-9
정가 15,000원

Copyright © 2017 by 배정현, 강한솔 All rights reserved.
No Part of this book may be reproduced or transmitted in any form,
by any means without the prior written permission on the publisher.

이 책은 저작권법에 의해 보호를 받는 저작물이므로 어떠한 형태의 무단 전재나 복제도 금합니다.
본문 중에 인용한 제품명은 각 개발사의 등록상표이며, 특허법과 저작권법 등에 의해 보호를 받고 있습니다.

이 도서의 국립중앙도서관 출판시도서목록(CIP)은 서지정보유통지원시스템 홈페이지(http://seoji.nl.go.kr)와
국가자료공동목록시스템(http://www.nl.go.kr/kolisnet)에서 이용하실 수 있습니다.(CIP제어번호: CIP2017009553)

추천의 글

이현정 / 회사원

"중국어가 더 행복해졌어요."

중국에 가야만 알 수 있을 것 같은 생생한 중국어 표현이 가득해요. 게다가 작문으로 한 번, 문제 풀이로 또 한 번 실력까지 체크할 수 있으니 All in One의 책을 만난 것 같아요. 교재 속 내용이 인터넷 강의로도 준비되어 있다고 하니, 이제는 중국어가 제 취미가 아닌 특기가 될 듯해요.

차길홍 / 자영업자

"중국어 공부, 다시 시작할 수 있게 되었어요."

알면 알수록 헷갈리는 중국어. 선뜻 이해가 가지 않는 한자들. 그런 한자들을 쉽게 풀이하고 용법까지 깔끔하게 정리되어 있는 『페이의 명중』. 정말 알고 싶던 부분을 명쾌하게 짚어주는 책이네요. 한자가 두려워 중국어 공부를 망설였던 분들께 강력 추천합니다.

이흔주 / 가정주부

"중국어, 스터디 그만하고 이제 플레이하세요."

시간은 부족하고 몸은 바쁜 '아키텍키즈맘'이라면 『페이의 명중』으로 놀이하듯 중국어를 즐겨보세요. 짜임새 있는 구성이 일품인 교재입니다. 중국어 왕초보 탈출 후, 기초과정을 이어가고자 하는 분들께 적극 추천합니다.

김성 / 수학 선생님

"중국어, 더이상 바라만 봐야하는 언어가 아니에요!"

외국어 학습에서 빼놓을 수 없는 부분이 '재미'라고 생각합니다. 그런 의미에서, 꼭 필요한 키워드들이 재미난 그림과 함께 표현되어 있는 〈페이의 명중〉은 많은 학습자들의 취향을 저격할 수 있을 것 같습니다. 한자와 중국어, 재미와 실력을 모두 잡고 싶은 분들께 권합니다.

얼마 전 벨기에 출신의 외국인 친구가 이런 이야기를 했어요.

"한국에서 살려면 한자를 알긴 알아야 할 것 같아요."

그래서 왜냐고 물었더니, 먹는 것과 관련된 단어에는 '식'자가 들어간대요. 가만히 생각해보니 '식사, 식권, 식탁, 한식, 중식, 일식, 조식, 석식' 등등 그 친구 말대로 수많은 단어가 그렇게 구성되어 있더라고요.
그리고 불현듯 우리는 우리가 생각하는 것보다 훨씬 더 깊숙이 한자 문화권 안에서 살아가고 있다는 생각이 들었어요. 그래서인지 한자를 통해 중국어를 새로운 각도에서 공부해보고자 기획된 이 책이 더 자랑스럽고 소중하게 느껴졌어요.

한자가 싫은 학습자들에겐 한자에 대한 흥미를 갖게 해드리고 싶고,
혼자가 싫은 학습자들에겐 인터넷 방송을 통해 함께라는 따뜻함을 드리고 싶어요.

한국인이기에, 이웃나라이기에 필연적으로 닮아있는 언어!
무조건 외우고 백 번씩 쓰는 건 이제 그만해요, 우리.
끄덕끄덕 공감하며 차근차근 공부해서 차곡차곡 실력쌓고 으쓱으쓱 뽐내봐요.
이 책의 마지막 페이지를 넘기는 모두가 성장의 기쁨을 누릴 수 있길 바라요.

有你真好. 我们一起成长吧！
(당신이 있어 참 좋아요. 우리 같이 성장해보아요!)

배정현 (BJ PEI) 드림

이 책의 구성

각 UNIT에 해당하는 키워드 중국어를 소개합니다. 본문에 있는 QR 코드로 저자 동영상 강의를 볼 수 있습니다.

하나의 한자(汉字)가 가지고 있는 의미들을 간략하게 소개합니다.

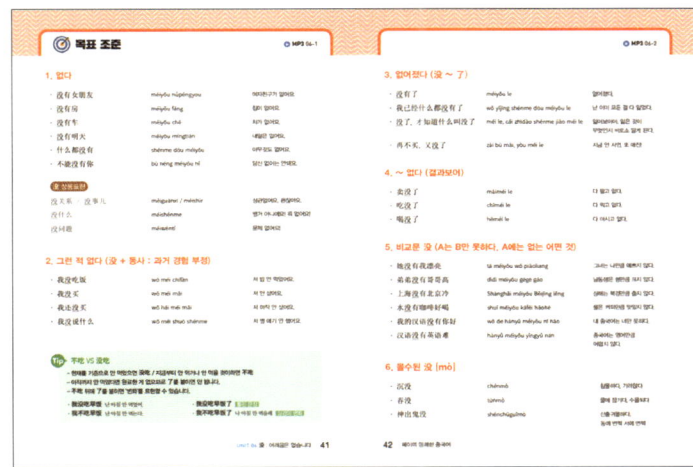

목표 조준

앞 페이지에서 간략하게 소개했던 의미들을 예문과 함께 좀 더 자세히 알아봅니다. '지피지기백전불패'라고, 중국어를 제대로 공부하려는 목표를 세우셨다면 먼저 어떤 의미들이 있는지부터 파악해야겠지요?

🎯 원샷 원킬

'목표 조준'에서 익힌 한자의 의미를 바탕으로 '원샷 원킬'에서 중국어 문장을 한국어로 멋지게 번역해보세요.

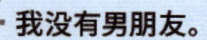

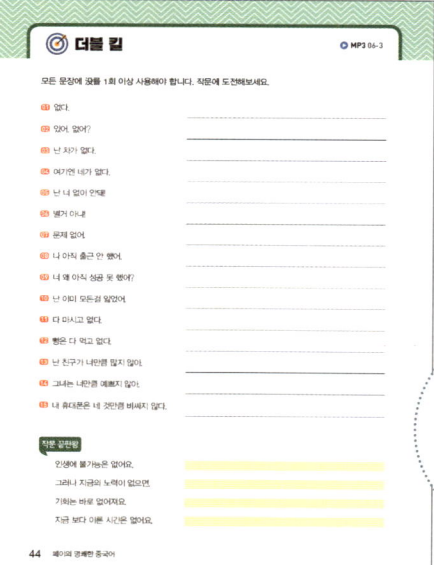

🎯 더블 킬

'더블 킬'에서는 한국어 문장을 중국어로 작문해보세요. 작문을 하면서 중국어를 내 것으로 만들어봅니다. '작문 끝판왕'으로 중국어 작문을 마무리합니다.

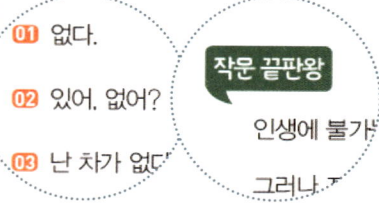

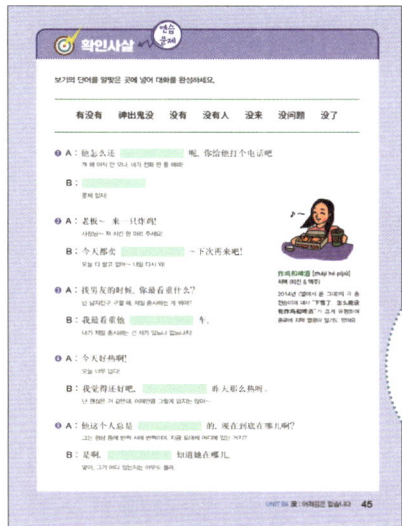

🎯 확인사살

'확인사살'은 각 UNIT을 정리해주는 재미있는 연습문제로 구성하였습니다. 연습문제를 풀며 중국어에 한 발짝 더 다가갈 수 있도록 하였습니다.

▶ **MP3 다운로드 방법**

혜지원 홈페이지(www.hyejiwon.co.kr) 자료실에서 페이의 명쾌한 중국어 MP3 파일을 무료 다운로드할 수 있습니다.

머리말 ··· 4
이 책의 구성 ··· 5

UNIT 01 什么 중국어는 무엇인가요? ································ 10
UNIT 02 怎么 어떻게 공부하나요? ···································· 16
UNIT 03 做 열심히만 하면 ·· 22
UNIT 04 干 꾸준히만 하면 ·· 28
UNIT 05 在 제가 옆에 있으니 ··· 34
UNIT 06 没 어려움은 없습니다 ··· 40
UNIT 07 给 아낌없이 줄게요 ··· 46
UNIT 08 来 이리 와서 함께해요 ·· 52
UNIT 09 上 실력을 높여봐요 ··· 58
UNIT 10 下 어서 결심을 내려요 ·· 64
UNIT 11 看 제가 볼 때, 당신은 할 수 있어요 ··················· 70
UNIT 12 吃 먹고 사는 것도 중요하지만 ···························· 76
UNIT 13 想 배우고 싶으면 배워야죠 ································· 82
UNIT 14 要 중국어를 원한다면 ··· 88
UNIT 15 打 배움의 문을 두드리세요 ································· 94

UNIT 16	开	중국어로 미래를 엽시다	100
UNIT 17	对	맞아요! 우린 할 수 있어요	106
UNIT 18	到	포기하지 않으면 다다를 수 있어요	112
UNIT 19	会	배움이 모이면 할 줄 알게 되고	118
UNIT 20	行	그거면 되는 거죠	124
UNIT 21	点	조금도 안 어려워요. 시작 버튼 클릭!	130
UNIT 22	起	일어나요! 멋진 그대들	136
UNIT 23	算	계획을 세우고, 날짜를 셈해봐요	142
UNIT 24	等	기다리고 있을게요	148
UNIT 25	过	이 길을 모두 지날 때까지	154
UNIT 26	又	배우고 또 배우고	160
UNIT 27	再	아무리 힘들어도 다시 해봐요	166
UNIT 28	还	아직 늦지 않았어요	172
UNIT 29	就	지금 바로 시작해요	178
UNIT 30	都	다들 함께해줄 거죠?	184
UNIT 31	好	좋아요! 같이 가요!	190
UNIT 32	多	많이 많이 고마워요	196
UNIT 33	老	우리 열정은 늙지 않을 겁니다	202
UNIT 34	着	언제나 여기에서 지켜보고 있어요	208
UNIT 35	呢	아무 걱정 마요! 제가 있잖아요	214

답안지   221

UNIT 01 중국어는 무엇인가요?

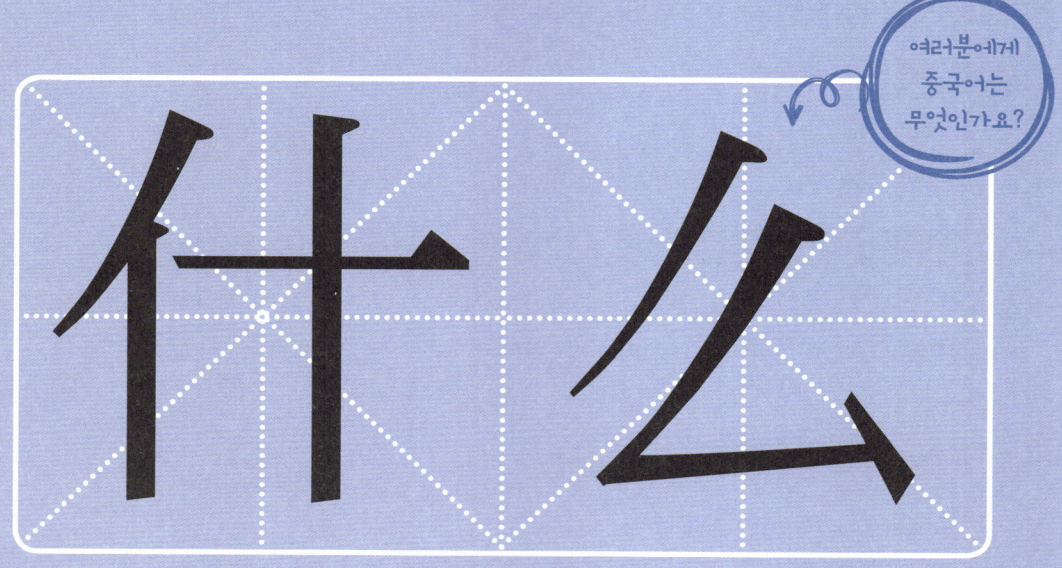

[shénme]

여러분에게 중국어는 무엇인가요?

❶ **무엇** : 이것은 무엇인가요? 사랑은 무엇인가요?
❷ **무슨** : 무슨 운동 좋아해요? 무슨 핸드폰 써요?
❸ **뭐** : 뭐 볼 게 없네, 뭐 할 말이 없다.
❹ **뭘** : 보긴 뭘 봐!
❺ **뭐 그런 거** : 중국어랑 영어 뭐 그런 거.

 **목표 조준** ▶ MP3 01-1

1. 무엇

- 这是<u>什么</u>　　　　　zhè shì shénme　　　　　이것은 무엇인가요?
- 你看<u>什么</u>　　　　　nǐ kàn shénme　　　　　당신은 무엇을 보나요?
- 你喝<u>什么</u>　　　　　nǐ hē shénme　　　　　당신은 무엇을 마셔요?
- 我是你的<u>什么</u>　　　wǒ shì nǐ de shénme　　나는 당신의 무엇인가요?
- <u>什么</u>是朋友　　　　shénme shì péngyou　　무엇이 친구인가요?
- 爱情是<u>什么</u>　　　　àiqíng shì shénme　　　사랑은 무엇인가요?

什么 + 也/都 무엇도, 무엇도 다

这里<u>什么</u>也没有　　　　　zhèli shénme yě méiyǒu　　　　여기엔 무엇도 (아무것도) 없어요.
你<u>什么</u>也不用想　　　　　nǐ shénme yě búyòng xiǎng　　무엇도 (아무것도) 생각할 필요 없어요.
我<u>什么</u>也不买　　　　　　wǒ shénme yě bù mǎi　　　　무엇도 (아무것도) 안 사요.
<u>什么</u>都可以　　　　　　　shénme dōu kěyǐ　　　　　　　무엇이든 다 괜찮아요.
<u>什么</u>都不要　　　　　　　shénme dōu bú yào　　　　　무엇도 (아무것도) 다 원하지 않아요.
<u>什么</u>也不想说　　　　　　shénme yě bùxiǎng shuō　　　무엇도 (아무것도) 말하고 싶지 않아요.
不努力, 我<u>什么</u>都不是　　bù nǔlì, wǒ shénme dōu búshì　노력하지 않으면
　　　　　　　　　　　　　　　　　　　　　　　　　　　　난 무엇도 (아무것도) 아니죠.

2. 무슨 (什么 + 명사)

- 你喜欢<u>什么</u>咖啡　　　nǐ xǐhuan shénme kāfēi　　　무슨 커피 좋아하세요?
- 你用<u>什么</u>手机　　　　nǐ yòng shénme shǒujī　　　무슨 핸드폰 사용하세요?
- 你喜欢<u>什么</u>颜色　　　nǐ xǐhuan shénme yánsè　　　무슨 색깔 좋아하세요?
- 有<u>什么</u>问题　　　　　yǒu shénme wèntí　　　　　무슨 문제 (질문) 있어요?
- 他叫<u>什么</u>名字　　　　tā jiào shénme míngzi　　　그는 무슨 이름으로 불려요?
　　　　　　　　　　　　　　　　　　　　　　　　　　(그의 이름은 무엇인가요?)
- 这是<u>什么</u>电影　　　　zhè shì shénme diànyǐng　　이건 무슨 영화예요?

 (정말 몰라서 물어보는지, 책망하는 것인지는 말투로 알 수 있음)

| 玩什么游戏 | wán shénme yóuxì | 무슨 게임 해? / 게임은 뭔 놈의 게임이야! |
| 你喝什么酒 | nǐ hē shénme jiǔ | 너 무슨 술 마셔? / 네가 지금 술 마실 때냐! |

3. 뭐

- 没什么想说的　　méi shénme xiǎng shuōde　　딱히 뭐 하고 싶은 말이 없어요.
- 这儿没什么(可)看的　zhèr méi shénme (kě) kànde　뭐 볼(만한) 게 없네요.
- 没什么好玩的　　méi shénme hǎo wánde　　뭐 재미있는 게 없네요.
- 汉语没什么难的　　hànyǔ méi shénme nánde　　중국어 뭐 어려운 거 없어요.
- 没什么对不起的　　méi shénme duìbuqǐde　　뭐 죄송할 거 없어요.

4. 뭘

- 看什么看　　kàn shénme kàn　　보긴 뭘 봐요!
- 哭什么哭　　kū shénme kū　　울긴 뭘 울어요!
- 周六上什么班　　zhōuliù shàng shénme bān　　토요일에 무슨 출근을 해요!
- 五点回什么家　　wǔdiǎn huí shénme jiā　　다섯 시에 무슨 집에 갑니까!

5. 뭐 그런 거 (나열하는 말 마지막에 쓰임 '~ 같은 것, 기타 등등'의 의미)

- 我喜欢去旅行。日本，中国，泰国什么的。。
  wǒ xǐhuan qù lǚxíng rìběn, zhōngguó, tàiguó shénmede
  저는 여행 가는 거 좋아해요. 일본, 중국, 태국 등등…

- 我要买几种水果，苹果，香蕉，草莓什么的。。
  wǒ yào mǎi jǐ zhōng shuǐguǒ, píngguǒ, xiāngjiāo, cǎoméi shénmede
  과일 몇 개 사려고 해요. 사과, 바나나, 딸기 등등…

원샷 원킬
아래 문장을 멋지게 번역해보세요.

- 这是什么?

- 老公~, 我是你的什么?

- 你喜欢什么水果?

- 今天什么也不想做, 被子外面很危险。

- 家里没什么吃的。

- 你哭什么哭!

- 被子 bèizi 몡 이불
- 危险 wēixiǎn 톙 위험한

 **더블 킬**

모든 문장에 什么를 1회 이상 사용해야 합니다. 작문에 도전해보세요.

01 저것은 무엇인가요?

02 무엇을 좋아합니까?

03 주말에 자주 뭐 (무엇을) 해요?

04 사랑은 무엇일까요?

05 무엇도 생각할 필요 없어요.

06 아무 말도 하지 마세요.

07 무슨 색깔 좋아해요?

08 이건 무슨 영화에요?

09 무슨 게임을 하니? (네가 지금 게임 할 때냐!)

10 무슨 술을 먹니? (네가 지금 술 마실 때냐!)

11 볼만한 게 없네요.

12 보긴 뭘 봐!

13 당신 뭐 미안할 거 없어요.

14 다섯 신데 뭘 저녁을 먹어!

작문 끝판왕

사랑이란 뭘까요?

사랑? 그거 뭐 특별할 거 없어요.

연애는 무슨 연애입니까!

우리와는 무슨 관계도 없거늘…

확인사살

빈칸을 채워 대화를 완성하세요.

❶ A : _____ ? 너 뭐 마셔?

  B : 我喝咖啡。 난 커피 마셔.

❷ A : _____ ? 넌 무슨 색을 좋아해?

  B : 我喜欢红色。 난 빨간색이 좋아.

❸ A : 你想学汉语还是英语？ 넌 중국어 배우고 싶어, 아니면 영어 배우고 싶어?

  B : 我 _____ 不想学！ 난 아무것도 배우고 싶지 않아.

❹ A : _____ ? 너 이름이 뭐니?

  B : 我叫莉莉，你呢？ 난 리리라고 해, 너는?

❺ A : 妈，我可以去玩游戏吗？
    엄마, 저 게임하러 가도 될까요?

  B : 下个月就高考了！ _____ ！
    다음달이 수능이야! 게임은 무슨 놈의 게임!

高考 [gāokǎo]
중국의 수능

매년 6월 7일~8일, 이틀에 걸쳐 진행합니다. 2016년 수능응시자만 해도 약 950만 명! 수험생과 학부모의 열기 또한 엄청납니다.

❻ A : 我想去PEI的家，感觉那里很好玩！
    저 PEI 집에 가고 싶어요, 거기 재밌을 것 같아요!

  B : 我去过她的家，那里 _____ 。
    난 그녀의 집에 가봤는데, 거기 뭐 재밌는 거 없어.

❼ A : 我很想看这部电影，但是一个人去有点儿怕！
    난 이 영화 너무 보고 싶어, 근데 혼자 보기 조금 무서워.

  B : _____ ？我陪你去看吧！
    무섭긴 뭐가 무서워? 내가 같이 봐줄게!

❽ A : 你喜欢运动吗？ 너 운동 좋아해?

  B : 我很喜欢运动！踢足球，打篮球，打棒球 _____ ，我都喜欢！
    나 운동 좋아해! 축구, 농구, 야구 등등… 난 다 좋아!

UNIT 02 어떻게 공부하나요?

중국어는 어쩜 이렇게 재밌는지!

[zěnme]

❶ **어떻게** (수단, 원인, 방법) : 어떻게 가요? 어떻게 써요?
❷ **어떻게** (반문, 감탄) : 어떻게 이럴 수 있어!
❸ **어째서** (책망, 힐난) : 너는 어째서 안 오느냐, 어째서 말 안 했냐.
❹ **어떻게 해도** 도무지 ~않다.
❺ **어쩜** (怎么 + 这么 / 那么) : 중국어는 어쩜 그리 재밌는지!
❻ **怎么**가 들어간 흥미로운 표현

 **목표 조준** ▶ MP3 02-1

1. 어떻게 (수단, 원인, 방법)

- 你怎么去公司　　　　nǐ zěnme qù gōngsī　　　　당신은 어떻게 회사에 가나요?
- 这个菜怎么吃　　　　zhè ge cài zěnme chī　　　　이 요리는 어떻게 먹어요?
- 你的名字怎么写　　　nǐ de míngzi zěnme xiě　　　당신 이름은 어떻게 써요?
- 怎么认识我　　　　　zěnme rènshi wǒ　　　　　　어떻게 저를 아세요?
- 这啤酒怎么喝　　　　zhè píjiǔ zěnme hē　　　　　이 맥주 어떻게 마셔요?
- 不知道怎么感谢　　　bù zhīdao zěnme gǎnxiè　　　어떻게 감사해야 할지 모르겠어요.

2. 어떻게 (반문, 감탄)

- 我怎么不知道　　　　wǒ zěnme bù zhīdao　　　　내가 어떻게 모를 수 있니! (네 일이 내 일인데)
- 你怎么这样　　　　　nǐ zěnme zhèyàng　　　　　네가 어떻게 이럴 수 있어! (이러면 안 되지)
- 你怎么喝啤酒　　　　nǐ zěnme hē píjiǔ　　　　　네가 어떻게 맥주를 마셔! (부장님은 소주 마시는데)
- 怎么现在才来　　　　zěnme xiànzài cái lái　　　어떻게 지금 오세요? (늦으셨어요)

3. 어째서 (책망, 힐난) 怎么 + 不/没

- 你怎么不说话　　　　nǐ zěnme bù shuōhuà　　　당신 어째서 말을 안 해요?
- 你怎么不早说　　　　nǐ zěnme bù zǎo shuō　　　당신 어째서 진작 말 안 했어요?
- 你怎么不理我　　　　nǐ zěnme bù lǐ wǒ　　　　당신 어째서 절 무시합니까?
- 他怎么还没来　　　　tā zěnme hái méi lái　　　그는 어째서 아직 안 오죠?

☑ **같은 문장, 다른 느낌**　화자의 어감으로 판단할 수 있어요!

你明天怎么上班　nǐ míngtiān zěnme shàngbān

❶ 너 내일 어떻게 출근할래?　⇨ 어떤 방법으로 출근할지 정말 궁금
❷ 너 내일 어떻게 출근할래!　⇨ 오늘 회식에서 그 난리를 치고 무슨 낯짝으로 출근할지 반문

4. 어떻게 해도 ~ 않다 (怎么也(都) A 不/没)

- 怎么也不明白 　　　　zěnme yě bù míngbai 　　　　도무지 알 수가 없어요.
- 怎么也想不起来 　　　zěnme yě xiǎngbuqǐlái 　　　도무지 생각이 안 납니다.
- 怎么吃也吃不胖 　　　zěnme chī yě chībupàng 　　어떻게 먹어도 살이 안 쪄요.
- 怎么努力都没有成果 　zěnme nǔlì dōu méiyǒu chéngguǒ 　어떻게 노력해도 성과가 없네요.

5. 어쩜 (怎么 + 这么 어쩜 이렇게 / 那么 어쩜 그렇게)

- 今天怎么这么冷 　　　jīntiān zěnme zhème lěng 　　오늘 어쩜 이렇게 춥죠?
- 他怎么那么可爱 　　　tā zěnme nàme kě'ài 　　　그는 어쩜 그렇게 귀엽죠?
- 中国怎么这么大 　　　zhōngguó zěnme zhème dà 　중국은 어쩜 이렇게 크죠?
- 汉语怎么这么简单 　　hànyǔ zěnme zhème jiǎndān 　중국어는 어쩜 이렇게 간단해요?

6. 怎么가 들어간 흥미로운 표현

- 怎么样 　　　　zěnmeyàng 　　　어때요?
- 怎么办 　　　　zěnmebàn 　　　어떡하죠?
- 怎么了 　　　　zěnmele 　　　　왜 그래요?
- 不怎么样 　　　bùzěnmeyàng 　　그저 그래요.
- 怎么回事 　　　zěnme huíshì 　　어떻게 된 거죠?
- 怎么会呢 　　　zěnme huì ne 　　어떻게 그럴 수 있어요?
- 怎么可能(呢) 　zěnme kěnéng(ne) 　그럴 리가 없어요.

- 成果　chéngguǒ　명 성과, 결과　　・简单　jiǎndān　형 간단하다

 **원샷 원킬**   아래 문장을 멋지게 번역해보세요.

- 今天怎么迟到了一个小时!

- 你走了我怎么办!

- 我怎么不爱你! 你太可爱了!

- 今年夏天怎么这么热?

- 妈妈,我是怎么来的? 从哪里来的?

- 怎么吃也吃不饱? 我是个吃货吗?

더블 킬

▶ MP3 02-3

모든 문장에 怎么를 1회 이상 사용해야 합니다. 작문에 도전해보세요.

01 어떻게 먹어요?

02 어떻게 말해요?

03 어떻게 여기에 온거야?

04 네가 어떻게 이럴 수 있어?

05 너는 어째서 여자친구가 없니?

06 도무지 알 수가 없다.

07 어째서 기분이 안 좋아요?

08 어떻게 감사해야 할지 모르겠어요.

09 오늘 어쩜 이렇게 춥죠?

10 당신 회사는 어때요?

11 그저 그래요.

12 제 중국어는 그저 그래요.

13 어떻게 말해도 듣지 않아요.

14 전 어떡하죠?

작문 끝판왕

어떻게 해야 할지 모르겠어.

여자의 마음은 어쩜 그렇게 복잡해?

난 아무리 노력해도 얻을 수 없어.

확인사살 연습문제

보기의 단어를 알맞은 곳에 넣어 대화를 완성하세요.

怎么　　怎么也　　不怎么　　怎么不

怎么这样　　怎么这么　　怎么办　　怎么了

同学 A：你今天 ① _____ 高兴呢？
너 오늘 어째 기분이 안 좋냐？

同学 B：下个星期就要考试了，② _____ ？
다음주가 시험이잖아, 어떡해？

同学 A：你不是已经准备好了吗？
너 이미 준비 다한 거 아니야？

同学 B：哪儿啊！我准备得 ③ _____ 样～
무슨! 나 제대로 준비 못했어～

同学 A：④ _____ 可能呢～你这个人 ⑤ _____ 谦虚啊！
에이 그럴 리가 있나～사람이 이렇게 겸손하긴!!

临时抱佛脚 [línshíbàofójiǎo]
평소에 준비하지 않고 있다가 그 때가 되어 서두르다는 의미로 '벼락치기'를 의미하는 표현입니다.

同学 B：我说的是真的啊！⑥ _____ 学不进去！
我也不知道 ⑦ _____ ！
진짜야! 아무리 해도 머리에 안 들어와! 나도 왜 이런지 모르겠어!

同学 A：你 ⑧ _____ ？再努力一点儿吧！
너 왜 그래? 다시 열심히 해봐!

・谦虚　qiānxū　형 겸손하다

열심히만 하면

열심히 하다보면 할 수 있게 되요!

做

[zuò]

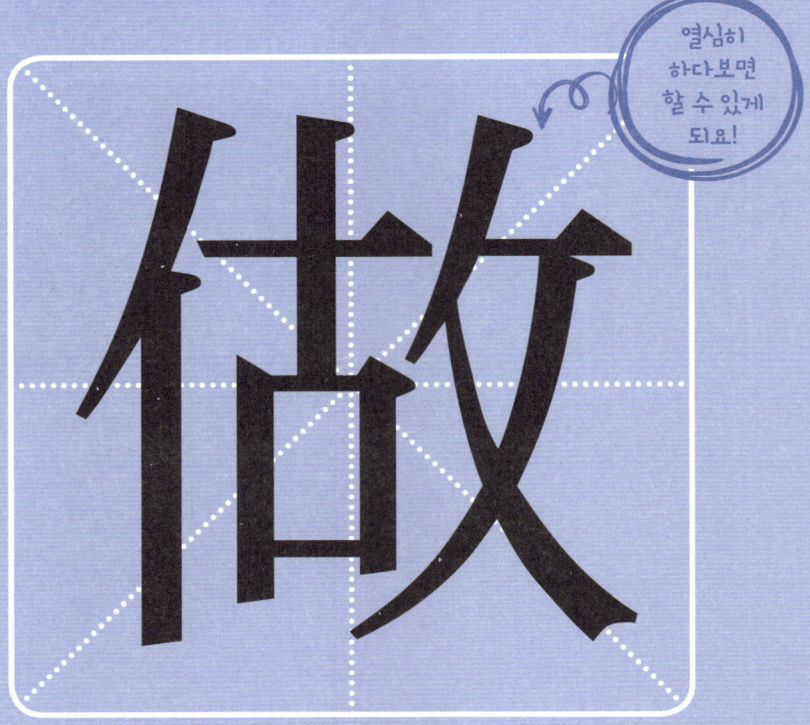

❶ **하다, ~하다** (숙제하다, 장사하다, 사업하다, 운동하다)
❷ **만들다** : 내가 만든 옷, 네가 만든 요리.
❸ **(인간적으로) 하다, 되다** : 친구하자, 그렇게 우린 친구가 되었다.
❹ **(업무적으로, 도덕적으로) ~ 되다** : ~를 맡다, 담당하다
❺ **做**가 들어간 흥미로운 표현

 목표 조준   ▶ MP3 03-1

1. 하다, ~하다

做作业	zuò zuòyè	숙제를 하다.
做运动	zuò yùndòng	운동을 하다.
做头发	zuò tóufa	머리를 하다.
做买卖	zuò mǎimai	장사를 하다.
做生意	zuò shēngyi	사업을 하다.
你在做什么	nǐ zài zuò shénme	뭐 하고 있나요?
周末要做什么	zhōumò yào zuò shénme	주말에 뭐 할 거예요?
你做什么工作	nǐ zuò shénme gōngzuò	무슨 일을 하시나요? (직업 묻기)
我不想做了	wǒ bù xiǎng zuò le	저 하기 싫어졌어요.
做到	zuòdào	해내다, 성취하다, 달성하다

2. 만들다 (직접 ~을 만들다)

做菜(做饭)	zuò cài (zuò fàn)	음식을 만들다. (밥을 짓다)
做衣服	zuò yīfu	옷을 만들다.
那是谁做的	nà shì shéi zuò de	저것은 누가 만든 거예요?
自己做的早餐	zìjǐ zuò de zǎocān	직접 만든 아침밥
这是我的做法	zhè shì wǒ de zuòfǎ	이것이 저의 방법입니다.
大家做文章吧	dàjiā zuò wénzhāng ba	여러분 문장을 만들어 봅시다.
他做的鬼脸很可爱	tā zuò de guǐliǎn hěn kě'ài	그가 만든 웃긴 표정은 정말 귀여워요.

- **买卖** mǎimai 명 사업, 장사
- **生意** shēngyi 명 사업, 장사
- **早餐** zǎocān 명 아침밥
- **做法** zuòfǎ 명 (만드는) 방법
- **做鬼脸** zuòguǐliǎn 동 우스꽝스러운 표정을 짓다

3. (인간적으로) 어떤 관계가 되다

- 我们<u>做</u>朋友吧   wǒmen zuò péngyou ba   우리 친구하자!
- 你<u>做</u>我女朋友吧   nǐ zuò wǒ nǚpéngyou ba   너 내 여자친구해라.
- 谢谢你<u>做</u>我的孩子   xièxie nǐ zuò wǒ de háizi   내 아이가 되어줘서 고마워.
- 我来<u>做</u>爸爸   wǒ lái zuò bàba   내가 아빠 할래! (소꿉놀이에서)
- 我<u>做</u>你的老婆，你<u>做</u>我的老公   wǒ zuò nǐ de lǎopó, nǐ zuò wǒ de lǎogōng
  난 당신의 아내가 되고 당신은 나의 남편이 되고.

4. (업무적으로, 도덕적으로) ~ 되다

- <u>做</u>人   zuòrén   인간이 되다. (좋은 사람이 되다)
- 先<u>做</u>人，再<u>做</u>事   xiān zuòrén zài zuòshì   먼저 사람이 된 후에 일을 하라.
- <u>做</u>主   zuòzhǔ   주인이 되다. (책임지고 결정하다)
- 我的人生我<u>做</u>主   wǒ de rénshēng wǒ zuòzhǔ   내 인생의 주인은 나.
- <u>做</u>榜样   zuò bǎngyàng   모범이 되다.
- 父母要<u>做</u>子女的榜样   fùmǔ yào zuò zǐnǚ de bǎngyàng   부모는 자녀의 모범이 되어야 한다.
- 长大后你想<u>做</u>什么   zhǎngdà hòu nǐ xiǎng zuò shénme   자라서 무엇이 되고 싶나요?

5. 做가 들어간 흥미로운 표현

- <u>做</u>梦   zuòmèng   꿈을 꾸다. (헛된 상상을 만들다)
- <u>做</u>爱   zuò'ài   성교하다. (아기를 만들다)
- 小题大<u>做</u>   xiǎotídàzuò   작은 일을 크게 만들다.
- 说到<u>做</u>到   shuōdàozuòdào   말한 것을 반드시 해내다. (언행일치)

- 榜样 bǎngyàng 명 모범, 본보기
- 长大 zhǎngdà 동 성장하다, 자라다

원샷 원킬
아래 문장을 멋지게 번역해보세요.

- 亲爱的, 周末我们做什么？你想做什么？

- 让我做你的男朋友吧。

- 在中国做生意时一定要记住：先做朋友 再做生意。

- 我的比萨(pizza)我做主。

- 我家宝宝一拍照就做鬼脸。

- 小狗也会做梦吗？

 더블 킬  MP3 03-3

모든 문장에 **做**를 1회 이상 사용해야 합니다. 작문에 도전해보세요.

01 무엇을 하나요?

02 당신은 무슨 일을 하세요?

03 수업 끝나고 뭐할 거예요?

04 하기 싫어요.

05 무슨 운동하는 거 좋아해요?

06 머리하는데 10분 정도 필요해요

07 나는 졸업 후에 사업하고 싶어.

08 이 옷은 우리 엄마가 만드신 거야.

09 일 크게 만들지 마.

10 아이는 우스운 표정 짓는 걸 좋아한다.

11 당신의 남편이 되고 싶어요.

12 먼저 인간이 된 후에 일을 하라.

13 내 인생의 주인공은 나야!

14 헛된 꿈꾸지 말고 얼른 정신 차례!

15 난 한다면 하는 사람이 좋아.

작문 끝판왕

우리는 10년 후에 뭘 하고 있을까요?

하기 싫은 일들도 해야 해요.

우리의 청춘은 우리가 주인이니까요!

보기의 단어를 알맞은 곳에 넣어 대화를 완성하세요.

做菜   做的   做副手   做朋友
做主   做法   做到   不做

A : 我想给男朋友 ① _____ ，但我不会做，你能帮我吗？
나 남자친구에게 요리해주고 싶은데 할 줄 몰라. 네가 날 좀 도와줄래?

B : 自己的事应该自己 ② _____ ！
자기 일은 자기가 스스로 해야지!

A : 拜托你! 如果你不帮我，我就 ③ _____ 了!
부탁해! 만약 니가 도와주지 않으면 나 그냥 안 해버릴 거야!

B : 哎呀~ 我也不想和你 ④ _____ ~
아이고~ 나도 너랑 친구 안 하고 싶다~

A : 咱俩谁跟谁啊，你 ⑤ _____ 菜太好吃了。请你帮我。
야 우리가 어떤 사이인데! 니가 만든 음식이 너무 맛있어서 그래~ 도와줘~

B : 你真厉害! 想做的都能 ⑥ _____ ！
정말 대~단하다! 하고 싶은 건 다 해내는구나!

A : 能告诉我 ⑦ _____ 吗?
만드는 방법을 알려줄 수 있어?

B : 好, 那今天你来 ⑧ _____ 吧!
좋아, 그럼 오늘 네가 조수가 되어라!

A : 遵命!
명을 따르겠나이다.

遵命 [zūnmìng]
'복종하겠다', '분부대로 하겠다'의 의미로 우리말 '충성'과 유사한 표현입니다.

UNIT 03 做 : 열심히만 하면   27

UNIT 04 꾸준히만 하면

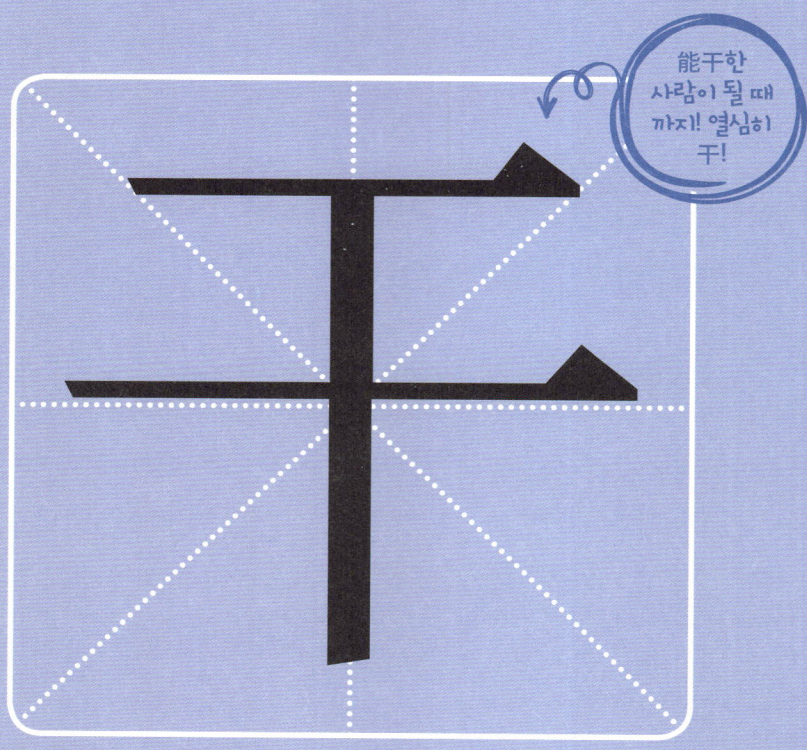

能干한 사람이 될 때까지! 열심히 干!

[gàn, gān]

❶ **하다** : 做와 같은 듯 다른 干 (4성)
❷ **일하다** : 청소하고 커피타고 복사하고 보고서 쓰는 매일하는 그 일 (4성)
❸ **건조하다, 마르다** (1성)
❹ 干이 들어간 흥미로운 표현

목표 조준

1. 하다

你在干什么	nǐ zài gàn shénme	당신은 무엇을 하고 있나요?
你想干什么	nǐ xiǎng gàn shénme	당신은 무엇을 하고 싶어요?
周末干什么	zhōumò gàn shénme	주말에 뭐 하세요?
说干就干	shuō gàn jiù gàn	한다면 한다!
什么也不想干	shénme yě bù xiǎng gàn	아무것도 하고 싶지 않아요.
老子不干了	lǎozi bú gàn le	나님은 안 할란다!
你在干吗	nǐ zài gànma	뭐 하고 있어요?
你干吗去中国	nǐ gànma qù zhōngguó	중국에 뭐 하러 가세요?

> **Tip** 干 VS 做
>
> ❶ 做는 사용범위가 넓어, 뒤에 많은 목적어들을 받아주는 반면, 干과 함께 쓰이는 명사는 한정적입니다.
> (ex 干活儿)
> · 你做什么？[O]   · 你干什么？[O]   · 我喜欢做运动 [O]   · 我喜欢干运动 [X]
>
> ❷ 做는 서면어, 구어 모두 많이 쓰이고 干은 보통 구어에 많이 쓰입니다.

2. 일하다

干活儿	gànhuór	(루틴한) 일을 하다
能干的人	nénggàn de rén	일을 잘하는 사람, 능력있는 사람
帮妈妈干活儿	bāng māma gànhuór	엄마를 도와 일을 하다.
人丑就要多干活儿	rén chǒu jiù yào duō gànhuór	못생기면 일이라도 많이 해야 한다.
能干不如肯干	nénggàn bùrú kěngàn	유능한 것은 자발적인 것만 못하다.

> · 老子 lǎozi 명 이 몸, 나님 (신조어)   · 干吗 gànma (=干嘛) 뭐 해, 뭐야
> · 丑 chǒu 형 추하다, 못생기다   · 肯干 kěngàn 형 자발적, 적극적

> **Tip** 干活儿 VS 做工作
> - 干活儿과 做工作는 모두 '일하다'의 뜻이지만 干活儿은 디테일한 업무를 말합니다.
> - 중국 포털사이트에서 做工作를 이미지 검색하면 사무실에서 일하는 넥타이 부대가 검색되고, 干活儿을 검색할 경우 육체적 노동을 하는 이미지가 주로 검색됩니다. (지금 바로 검색 go, go!)
>   - 我不想干活儿 나 업무 (매일 하는 루틴한 일) 하기 싫어.
>   - 我不想做工作 직장 다니기 싫어.

3. 건조하다, 마르다 干 ([gān], 1성) (물기없이 버적버적 마르고 메마른 느낌)

- 干货   gānhuò   마른 식품
- 干燥   gānzào   건조하다
- 干洗   gānxǐ   드라이 클리닝
- 干哭   gānkū   눈물 흘리지 않고 울다
- 肉干   ròugān   육포
- 干净   gānjìng   깨끗하다 (물기가 말라야 깨끗)
- 干涉 (干预) gānshè (gānyù) 간섭하다, 간여(관여)하다 (간섭하여 사람을 말림)

- 干果   gānguǒ   말린 과일 및 견과류
- 干旱   gānhàn   가뭄, 가물다
- 干花   gānhuā   말린 꽃, 건화
- 干笑   gānxiào   억지웃음 짓다
- 饼干   bǐnggān   비스킷, 과자

4. 干이 들어간 흥미로운 표현

- 干杯   gānbēi   건배하다, 잔을 비우다 (잔에 물기 없게 원샷!)
- 干脆   gāncuì   (언행이) 거리낌없이 시원스럽다 🔖 아예, 차라리
- 干兄弟   gān xiōngdì   의형제 (의리로 맺은 형제)
- 干   gān   1음절로 '干' 하면 Fuck 의미의 욕설 (※사용 주의)

- 为了我们的友谊, 干杯
  wèile wǒmen de yǒuyì, gānbēi   우리 우정을 위하여, 건배

- 他是个男子汉, 说话很干脆
  tā shì ge nánzǐhàn, shuōhuà hěn gāncuì   그는 상남자다. 말하는 것이 아주 명쾌하다.

 **원샷 원킬** 아래 문장을 멋지게 번역해보세요.

- 喂，你在干什么？我去你那儿，一会儿见吧！

- 说到做到! 这天下没有我做不到的事。

- 这是我自己做的饼干。

- 今天真不想干活儿。想回家想回家～

- 我们家宝宝最爱干净了，天天都洗。

- 人丑就要多干活。

 **더블 킬**  MP3 04-3

모든 문장에 干를 1회 이상 사용해야 합니다. 작문에 도전해보세요.

01 하기 싫다.

02 뭐 하고 싶어?

03 너 뭐 하고 있니?

04 너 중국어 뭐 하려고 배워?

05 난 한다면 한다!

06 난 일을 잘 하는 사람이 좋아.

07 오늘 진짜 일(업무)하기 싫다.

08 여기는 그다지 깨끗하지 않네요.

09 이 옷은 꼭 드라이해야 됩니다.

10 사장님이 너 참 일 잘한대.

11 오늘 날씨 너무 건조하다.

12 우리 육포랑 견과류로 안주하자.

13 너 억지로 웃지 마!

14 내일을 위하여 건배~

작문 끝판왕

주말에 뭐 해요?

저는 일하러 가야 돼요.

못생겼으니 일이라도 많이 해야죠.

확인사살

보기의 단어를 알맞은 곳에 넣어 대화를 완성한 후 어울리는 그림과 연결하세요.

干果　　干燥　　干吗　　肯干　　干杯
---

❶ A : 这么晚了, 你 _____ 不下班?
　　　이렇게 늦었는데, 뭐 한다고 퇴근 안 해?

　B : 要准备明天的会议。
　　　내일 회의를 준비해야 돼요.

❷ A : 为了更好的明天 _____ !
　　　더 나은 내일을 위해 건배!

　B : 为了我们的友谊 _____ !
　　　우리의 우정을 위해 건배!

❸ A : 她怎么会这么爱吃 _____ ?
　　　그녀는 어쩜 이렇게 건과류를 좋아해?

　B : 长得很像松鼠嘛。
　　　생긴 게 다람쥐 같잖아.

❹ A : 天气很 _____ 要注意什么?
　　　날씨가 건조하면 무엇을 주의해야 하나요?

　B : 多喝水, 多吃水果。
　　　물 많이 마시고 과일 많이 먹기.

❺ A : 你为什么那么宠爱她?
　　　당신은 왜 그렇게 그녀를 예뻐해요?

　B : 因为她很 _____ !
　　　왜냐하면 그녀는 유능해요.

 **UNIT 05 제가 옆에 있으니**

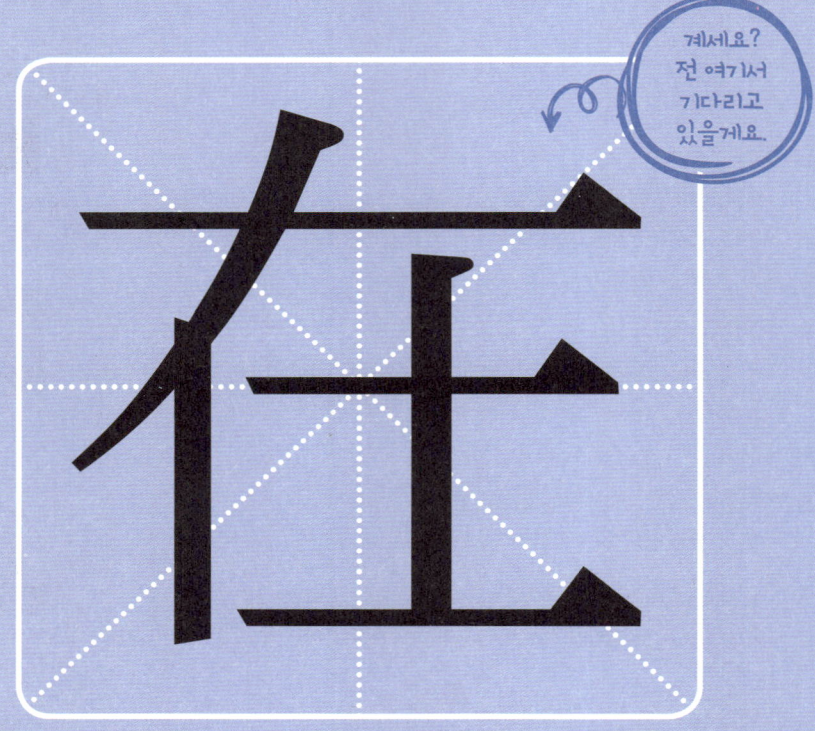

[zài]

❶ **~에 있다** (동사) : 집에 있다, 회사에 있다, 여기에 있다.
❷ **~에서** (개사) : 집에서 밥 먹는다, 회사에서 일한다.
❸ **~하는 중에 있다** (부사) : 밥 먹고 있다, 야근하고 있다, 쉬고 있다.
❹ **~에** (결과보어)

 **목표 조준** ▶ MP3 05-1

1. ~에 있다 (동사)

- 你在吗 — nǐ zài ma — (여기에) 계세요?
- 你在哪儿 — nǐ zài nǎr — 당신은 어디에 있나요?
- 我的男朋友在哪儿 — wǒ de nánpéngyǒu zài nǎr — 제 남자친구 어디 있나요?
- 那个人不在 — nà ge rén bú zài — 그 사람 여기에 없어요.
- 我一直都在 — wǒ yìzhí dōu zài — 저는 항상 곁에 있어요.
- 很想和你在一起 — hěn xiǎng hé nǐ zài yìqǐ — 당신과 함께 있고 싶어요.

> **Tip** 在 (exist) VS 有 (have)
>
> ❶ 在는 ~에 있다. 有는 '은/는/이/가 있다'의 의미입니다.
> - 我在酒吧 나는 술집에 있다 (나의 현 위치는 술집이다) · 我有酒吧 나는 술집이 있다 (나는 술집 사장이다)
> - 手机在桌子上 휴대폰은 책상 위에 있다. · 桌子上有手机 책상 위에 휴대폰이 있다.
>
> ❷ 在의 부정은 不在, 有의 부정은 没有입니다.
> - 老板不在公司 사장님 회사에 안 계세요. (지금은 출타 중이세요)
> - 我们公司没有老板 우리 회사 사장님이 없어요. (수평적 조직이라 사장 같은 직급이 애시당초 없어요)

2. ~에서 (개사) + 명사

- 我在家休息 — wǒ zài jiā xiūxi — 저는 집에서 쉴게요.
- 我在这儿等你 — wǒ zài zhèr děng nǐ — 저는 여기에서 당신을 기다려요.
- 我在图书馆看书 — wǒ zài túshūguǎn kàn shū — 저는 도서관에서 책을 봐요.
- 他在中国工作 — tā zài Zhōngguó gōngzuò — 그는 중국에서 일해요.
- 你在哪儿看电影 — nǐ zài nǎr kàn diànyǐng — 당신은 어디에서 영화를 보나요?
- 今晚在我家吃拉面吧 — jīnwǎn zài wǒ jiā chī lāmiàn ba — 오늘 밤 우리집에서 라면 먹죠.

> · 一直 yìzhí 🔡 계속, 줄곧   · 一起 yìqǐ 🔡 같이, 함께
> · 今晚 jīnwǎn 🔡 오늘 밤   · 拉面 lāmiàn 🔡 라면

3. ~ 하는 중에 있다 (부사)

- 你在干什么呢　　　nǐ zài gàn shénme ne　　　당신 지금 뭐 하고 있어요?
- 我在休息呢　　　　wǒ zài xiūxi ne　　　　　저 지금 쉬고 있어요.
- 我在学汉语　　　　wǒ zài xué hànyǔ　　　　저 지금 중국어 배우고 있어요.
- 你在想什么　　　　nǐ zài xiǎng shénme　　　당신 지금 무슨 생각하고 있어요?
- 你在看什么　　　　nǐ zài kàn shénme　　　　당신 지금 뭐 보고 있어요?
- 我在等一个人　　　wǒ zài děng yí ge rén　　저는 한 사람을 기다리는 중이에요.

Tip 在 (부사, 진행) VS 着 (동태조사, 지속)

❶ 在는 '~하는 중에 있다'의 의미로 동사 앞에, 着는 '~인 상태로'의 의미로 동사 뒤에 놓입니다.
- 我在看你 난 널 보는 중 (지금 마침 널 보는 중) ・ 我看着你 난 널 보고 있어 (스토커)
- 我在开电脑 난 컴퓨터를 켜는 중에 있다　在는 진행 중인 동작을 묘사
- 电脑一直开着 컴퓨터가 계속 켜져 있다.　着는 지속 중인 상태를 묘사

❷ 在와 着는 한 문장에 나란히 사용되기도 합니다.
- 我在想着你 난 널 생각하고 있어.

❸ 일반적으로 在는 언젠가 그 동작이 끝나고, 着는 그 상태가 언제 종료될지 알 수 없습니다.

---

4. 결과보어 在

- 坐在这儿　　　　　zuò zài zhèr　　　　　　여기에 앉아요.
- 放在办公室吧　　　fàng zài bàngōngshì ba　사무실에 놓아주세요.
- 发生在家里的事　　fāshēng zài jiāli de shì　집에 발생한 일
- 停在这儿吧　　　　tíng zài zhèr ba　　　　여기에 세워주세요.

- 放 fàng 동 놓다, 두다　　・办公室 bàngōngshì 명 사무실
- 发生 fāshēng 동 발생하다　・停 tíng 동 정지하다, 세우다

원샷 원킬 아래 문장을 멋지게 번역해보세요.

· 我在这里等你回来。

· 老公, 今天在家吃饭吧! 我在买菜呢。

· 老师在的时候

· 老师不在的时候

· 你在说什么?

· 别人的车总是停在我家门口怎么办。

 **더블 킬** ▶ MP3 05-3

모든 문장에 在를 1회 이상 사용해야 합니다. 작문에 도전해보세요.

01 ~에서

02 회사에서

03 회사에서 야근한다.

04 커피숍에서 커피 마신다.

05 계세요?

06 사장님 회사에 안 계세요.

07 나는 늘 곁에 있어.

08 너와 함께 있고 싶어.

09 뭐 하고 있니?

10 뭐 보고 있니?

11 그는 뭘 생각하고 있나요?

12 술 마시고 있어.

13 야근하고 있어.

14 너를 기다리고 있어.

15 우리 여기 앉자!

16 문 앞에 놓아주세요.

작문 끝판왕

넌 어디 있니?

난 늘 만나던 거기에서 널 기다려

내가 널 생각할 때, 너도 날 생각할까?

확인사살 연습문제

보기의 단어를 알맞은 곳에 넣어 대화를 완성하세요.

在哭   坐在   放在   在酒吧   在说

在公司对面   在哪儿   在公司

A : 喂, 你 ① _____ ?
여보세요? 너 어디 있어?

B : 我在酒吧喝杯酒呢。
나 술집에서 한 잔 하고 있어.

A : 怎么了? 你 ② _____ 吗?
왜 그래? 너 울고 있는 거야?

B : 哭什么哭? 酒吧 ③ _____, 你快过来!
울긴 왜 울어? 술집은 회사 맞은편에 있으니까 빨리 와.

A : ④ _____ 这儿吧。你们公司也这样吗?
여기 앉아라! 너희 회사도 이러냐?

B : 你 ⑤ _____ 什么? 出了什么事?
뭐라는 거야? 무슨 일이 생긴 거야?

A : 今天 ⑥ _____ 又被老板骂了一顿! 啊, 真不想上班。
오늘 회사에서 또 사장한테 욕 배부르게 먹었다. 아, 진짜 출근하기 싫다.

B : 哎呦, 不要 ⑦ _____ 心上! 来, 喝一杯吧!
에이~ 마음에 담아두지 마. 자, 술이나 먹자.

被骂 [bèi mà] 욕을 먹다
被老板骂了一顿
bèi lǎobǎn mà le yídùn
사장한테 욕을 한바탕 먹었다.

UNIT 05 在 : 제가 옆에 있으니

UNIT 06 어려움은 없습니다

[méi] / [mò]

중국어! 너 없인 못 살아!

❶ **없다** : 집이 없다, 차도 없다. ❷ **그런 적 없다** : 과거 경험 부정
❸ **없어졌다** (没 ~ 了) ❹ **~ 없다** (결과보어)
❺ 비교문 **没** (A는 B만 못하다, A에는 **없는** 어떤 것)
❻ 몰수된 **没** [mò]

 목표 조준   ▶ MP3 06-1

1. 없다

- 没有女朋友   méiyǒu nǚpéngyou   여자친구가 없어요.
- 没有房   méiyǒu fáng   집이 없어요.
- 没有车   méiyǒu chē   차가 없어요.
- 没有明天   méiyǒu míngtiān   내일은 없어요.
- 什么都没有   shénme dōu méiyǒu   아무것도 없어요.
- 不能没有你   bù néng méiyǒu nǐ   당신 없이는 안돼요.

没 상용표현

没关系 / 没事儿   méiguānxi / méishìr   상관없어요, 괜찮아요.
没什么   méishénme   별거 아니에요! 뭐 없어요!
没问题   méiwèntí   문제 없어요!

2. 그런 적 없다 (没 + 동사 : 과거 경험 부정)

- 我没吃饭   wǒ méi chīfàn   저 밥 안 먹었어요.
- 我没买   wǒ méi mǎi   저 안 샀어요.
- 我还没买   wǒ hái méi mǎi   저 아직 안 샀어요.
- 我没说什么   wǒ méi shuō shénme   저 별 얘기 안 했어요.

> **Tip** 不吃 VS 没吃
> - 현재를 기준으로 안 먹었으면 没吃 / 지금부터 안 먹거나 안 먹을 것이라면 不吃
> - 아직까지 안 먹었다면 완료한 게 없으므로 了를 붙이면 안 됩니다.
> - 不吃 뒤에 了를 붙이면 '변화'를 표현할 수 있습니다.
>
> - 我没吃早饭 난 아침 안 먹었어.   · 我没吃早饭了 [틀린 문장]
> - 我不吃早饭 난 아침 안 먹는다.   · 我不吃早饭了 나 아침 안 먹을래 [심경의 변화]

3. 없어졌다 (没 ~ 了)

- 没有了　　　　　　　　méiyǒu le　　　　　　　　　　없어졌다.
- 我已经什么都没有了　　wǒ yǐjīng shénme dōu méiyǒu le　　난 이미 모든 걸 다 잃었다.
- 没了, 才知道什么叫没了　méi le, cái zhīdào shénme jiào méi le　잃어봐야, 잃은 것이 무엇인지 비로소 알게 된다.
- 再不买, 又没了　　　　zài bù mǎi, yòu méi le　　　　　지금 안 사면, 또 매진!

4. ~ 없다 (결과보어)

- 卖没了　　　　màiméi le　　　　다 팔고 없다.
- 吃没了　　　　chīméi le　　　　다 먹고 없다.
- 喝没了　　　　hēméi le　　　　다 마시고 없다.

5. 비교문 没 (A는 B만 못하다, A에는 없는 어떤 것)

- 她没有我漂亮　　　　tā méiyǒu wǒ piàoliang　　　　그녀는 나만큼 예쁘지 않다.
- 弟弟没有哥哥高　　　dìdi méiyǒu gēge gāo　　　　　남동생은 형만큼 크지 않다.
- 上海没有北京冷　　　Shànghǎi méiyǒu Běijīng lěng　상해는 북경만큼 춥지 않다.
- 水没有咖啡好喝　　　shuǐ méiyǒu kāfēi hǎohē　　　물은 커피만큼 맛있지 않다.
- 我的汉语没有你好　　wǒ de hànyǔ méiyǒu nǐ hǎo　　내 중국어는 너만 못하다.
- 汉语没有英语难　　　hànyǔ méiyǒu yīngyǔ nán　　　중국어는 영어만큼 어렵지 않다.

6. 몰수된 没 [mò]

- 沉没　　　　chénmò　　　　통 침몰하다, 가라앉다
- 吞没　　　　tūnmò　　　　　통 물에 잠기다, 수몰되다
- 神出鬼没　　shénchūguǐmò　　성 신출귀몰하다, 동에 번쩍 서에 번쩍

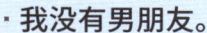 **원샷 원킬** 아래 문장을 멋지게 번역해보세요.

- 我没有男朋友。

- 我没醉! 我们再喝几杯吧。

- 我们为什么还没成功?

- 没了, 才知道什么叫没了。

- 卖没了, 明天再来吧。

- 我没有她漂亮。

 **더블 킬**　　　▶ MP3 06-3

모든 문장에 没를 1회 이상 사용해야 합니다. 작문에 도전해보세요.

01 없다.

02 있어, 없어?

03 난 차가 없다.

04 여기엔 네가 없다.

05 난 너 없이 안돼!

06 별거 아냐!

07 문제 없어.

08 나 아직 출근 안 했어.

09 너 왜 아직 성공 못 했어?

10 난 이미 모든 걸 잃었어.

11 다 마시고 없다.

12 빵은 다 먹고 없다.

13 난 친구가 너만큼 많지 않아.

14 그녀는 너만큼 예쁘지 않아.

15 내 휴대폰은 네 것만큼 비싸지 않다.

작문 끝판왕

인생에 불가능은 없어요.

그러나 지금의 노력이 없으면,

기회는 바로 없어져요.

지금보다 이른 시간은 없어요.

보기의 단어를 알맞은 곳에 넣어 대화를 완성하세요.

有没有　　神出鬼没　　没有　　没有人　　没来　　没问题　　没了

---

❶ A：他怎么还 _____ 呢, 你给他打个电话吧
   걔 왜 아직 안 오냐, 네가 전화 한 통 해봐!

   B：_____
   문제 없지!

❷ A：老板~　来一只炸鸡!
   사장님~ 저 치킨 한 마리 주세요!

   B：今天都卖 _____ ~下次再来吧!
   오늘 다 팔고 없어~ 내일 다시 와!

炸鸡和啤酒 [zhájī hé píjiǔ]
치맥 (치킨 & 맥주)

2014년 〈별에서 온 그대〉의 극 중 천송이의 대사 "下雪了, 怎么能没有炸鸡和啤酒"가 크게 유행하며 중국에 치맥 열풍이 일기도 했어요.

❸ A：找男友的时候, 你最看重什么?
   넌 남자친구 구할 때, 제일 중시하는 게 뭐야?

   B：我最看重他 _____ 车。
   내가 제일 중시하는 건 차가 있느냐 없느냐지!

❹ A：今天好热啊!
   오늘 너무 덥다!

   B：我觉得还好吧, _____ 昨天那么热呀。
   난 괜찮은 거 같은데, 어제만큼 그렇게 덥지는 않아~

❺ A：他这个人总是 _____ 的, 现在到底在哪儿啊?
   그는 항상 동에 번쩍 서에 번쩍이야. 지금 도대체 어디에 있는 거지?

   B：是啊, _____ 知道她在哪儿。
   맞아, 그가 어디 있는지는 아무도 몰라.

UNIT 07 아낌없이 줄게요

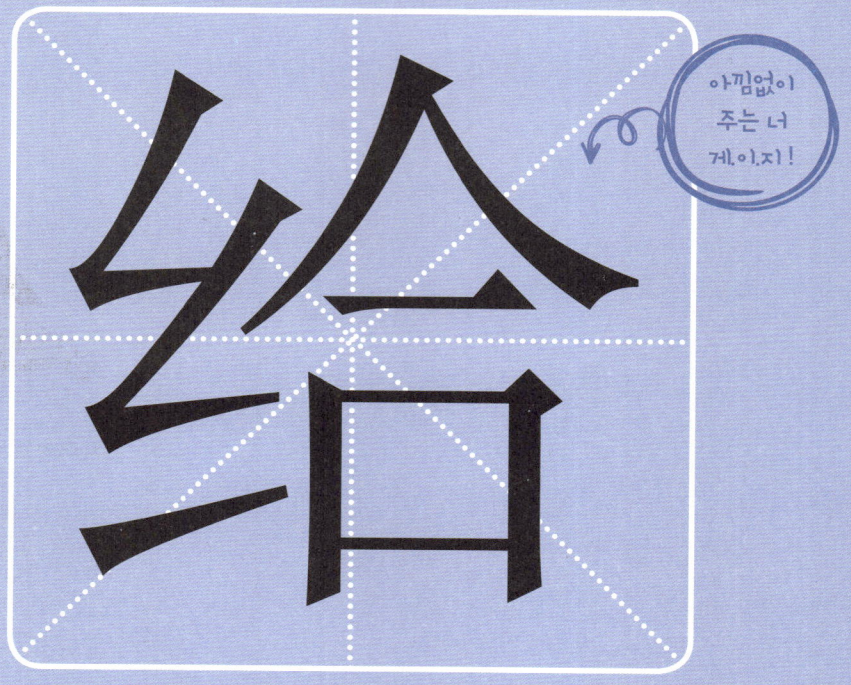

아낌없이 주는 너 게이지!

[gěi]、[jǐ]

全部都给你!

① **주다** : 선물을 주다, 시간을 주다.
② **~에게 ~를 주다** : 그에게 선물을 주다, 나에게 시간을 줘.
③ **~ 해주다** (개사) : 나에게 사줘, 나에게 보여줘, 나에게 웃어줘.
④ **딱! 给** (명령문) : 너 딱 비켜! 딱 기다려! 딱 나와!
⑤ (为/替/被)의 역할을 침범하는 **월권 전문 给** : ~를 위해 / ~에 의해
⑥ **공급**하다, **지급**하다 [jǐ]

 **목표 조준** ▶ MP3 07-1

1. 주다 (동사 / 목적어 1개)

- 给我吧　　　　　　　gěi wǒ ba　　　　　　　저 주세요.
- 不给你　　　　　　　bù gěi nǐ　　　　　　　안 줄래요.
- 全部都给你　　　　　quánbù dōu gěi nǐ　　　전부 다 줄게요.
- 给妈妈的生日礼物　　gěi māma de shēngrì lǐwù　어머니께 드린 생일선물

2. ~에게 ~를 주다 (동사 / 목적어 2개)

- 给我一分钟　　　　　gěi wǒ yìfēnzhōng　　　저에게 1분만 주세요.
- 给你一个小小的赞　　gěi nǐ yí ge xiǎoxiǎo de zàn　'좋아요' 눌러드릴게요.
- 给我一个好名字　　　gěi wǒ yí ge hǎo míngzi　저에게 좋은 이름 하나 주세요.

3. ~ 해주다 (개사)

- 给我买　　　　　　　gěi wǒ mǎi　　　　　　저 사주세요.
- 给我看看你的眼睛　　gěi wǒ kànkan nǐ de yǎnjing　제게 당신의 눈을 보여주세요.
- 给我笑一个　　　　　gěi wǒ xiào yí ge　　　제게 한 번 웃어주세요.
- 给我点赞　　　　　　gěi wǒ diǎnzàn　　　　저 '좋아요' 눌러주세요.
- 她给我打电话　　　　tā gěi wǒ dǎ diànhuà　그녀가 저에게 전화를 해요.

- 赞 zàn 명 (sns상의) 좋아요
- 点赞 diǎnzàn 명 '좋아요'를 누르다

4. 딱! 给 (명령문)

- 给我出来　　　　　gěi wǒ chūlai　　　　　딱 나와!
- 给我走开　　　　　gěi wǒ zǒukāi　　　　　딱 비켜!
- 给我滚开　　　　　gei wo gǔnkāi　　　　　딱 꺼져!
- 给我听清楚　　　　gei wo tīng qīngchu　　딱 잘 들어!
- 给我等着　　　　　gěi wǒ děngzhe　　　　딱 기다려!

5. 월권 전문 给 (为 / 替 ~를 위해, 被 ~에 의해)

- 谁能给我翻译　　　shéi néng gěi wǒ fānyì　　　누가 절 위해 통역을 해줄 수 있나요? (为 / 替)
- 给妈妈洗脚　　　　gěi māma xǐ jiǎo　　　　　　엄마를 위해 발을 씻겨드려요. (为)
- 给你们当牛做马　　gěi nǐmen dāngniúzuòmǎ　　당신들을 위해 희생하겠어요. (为)
- 我的车给他开走了　wǒ de chē gěi tā kāizǒu le　제 차를 그가 몰고 갔어요. (被)

6. 공급하다, 지급하다 [jǐ] (두 글자로 쓰임!)

- 给予　　　　jǐyǔ　　　　주다, 부여하다
- 供给　　　　gōngjǐ　　　공급하다, 제공하다
- 给水　　　　jǐshuǐ　　　급수하다
- 补给　　　　bǔjǐ　　　　보충하다
- 自给　　　　zìjǐ　　　　자급하다

- 滚 gǔn 동 저리 가, 꺼져, 나가
- 翻译 fānyì 동 번역하다 명 번역가
- 当牛做马 dāngniúzuòmǎ 성 소나 말처럼 고역살이 하다

원샷 원킬 아래 문장을 멋지게 번역해보세요.

- 给我吧。

- 爸爸, 给我买一个。

- 女神给我做饭。

- 谁能给我翻译?

- 给妈妈洗脚吧。

- 你给我听清楚!

모든 문장에 给를 1회 이상 사용해야 합니다. 작문에 도전해보세요.

01 주다.

02 안 준다.

03 나 줘.

04 나 선물 줘!

05 그에게 선물을 주지 마.

06 이건 그가 내게 준 생일선물이야.

07 5분만 주세요.

08 나 가방 사줘!

09 나에게 너의 눈을 보여줘.

10 한 번만 웃어줘.

11 제게 이 문장을 번역해주세요!

12 너 딱 기다려!

13 7시에 나에게 전화해줘.

14 그에게 여자친구를 찾아주세요.

15 공급과 수요

작문 끝판왕

엄마는 매일 우리에게 (우리를 위해) 밥을 해주시죠.

오늘은 우리가 엄마에게 선물을 드려요.

엄마, 제게 주신 모든 것에 감사드려요.

확인사살 연습문제

1. 보기의 단어를 알맞은 곳에 넣어 대화를 완성하세요.

点赞   介绍   笑一个   给

❶ 我 _____ 你做这件事儿。
내가 너 대신 이 일 해줄게.

❷ 除了给我 _____ 女朋友, 闲事别打扰我!
나한테 여자친구 소개해줄 거 아니면, 귀찮게 하지 마!

❸ 大家别忘了给我 _____ !
여러분 저에게 '좋아요' 눌러주는 거 잊지 마세요!

❹ 宝宝~ 别生气了~ 给我 _____ ~
애기야~ 화내지 말고~ 웃어줘~

2. 다음 중 给가 [jǐ]의 발음으로 쓰이지 않은 것은?

❶ 补给   ❷ 给以   ❸ 给予   ❹ 供给   ❺ 自给

点赞之交 [diǎnzànzhījiāo]
SNS상에서 서로 '좋아요'를 눌러주며
친구가 되는 것이에요. 일명 추천지교.

UNIT 07 给 : 아낌없이 줄게요   51

UNIT 08 이리 와서 함께해요

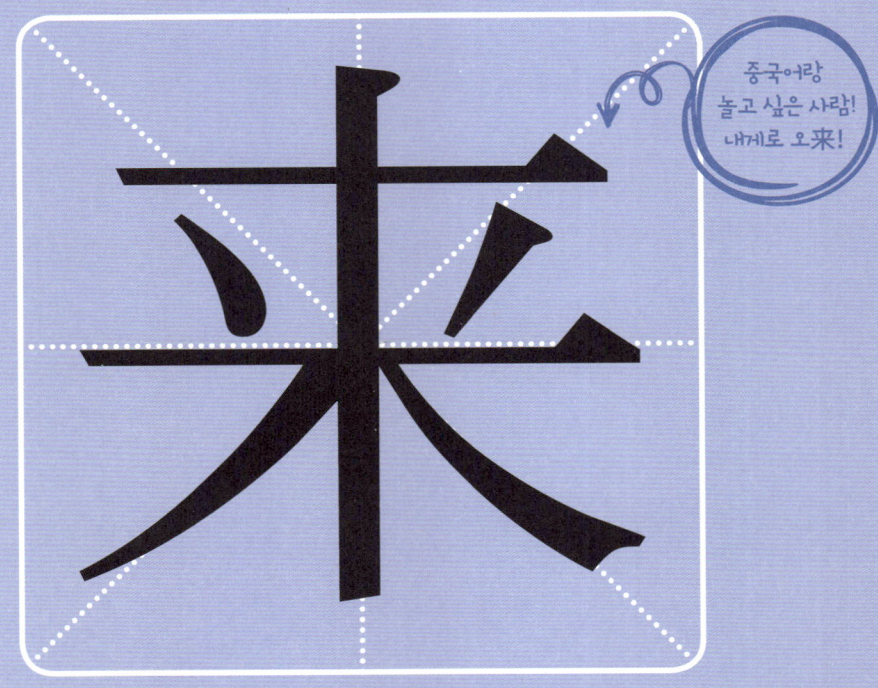

[lái]

중국어랑 놀고 싶은 사람! 내게로 오来!

❶ **오다** : 그녀가 왔다, 봄이 왔다, 새해가 왔다.
❷ **我来, 내가 할게** (적극적 주체표현)
  : 내가 도와줄게, 내가 사줄게.
❸ **주시라이** : 맥주 한 병 주세요, 안아주세요.
❹ **라이라이라이**, 자자자~
❺ **来** (방향보어)

 **목표 조준**

1. 오다

- 我来了 — wǒ lái le — 내가 왔다.
- 新年来了 — xīnnián lái le — 새해가 왔다.
- 春天来了 — chūntiān lái le — 봄이 왔다.
- 她一直不来 — tā yìzhí bù lái — 그녀는 계속 안 와.
- 今夜你会不会来 — jīn yè nǐ huìbuhuì lái — 오늘 밤 네가 올까 안 올까?

2. 我来 + (동사) 내가 할게 / 你来 + (동사) 네가 해라이~ (적극적 주체표현)

- 我自己来 — wǒ zìjǐ lái — 제가 스스로 할게요.
- 妈妈, 我来帮你 — māma, wǒ lái bāng nǐ — 엄마 제가 도울게요.
- 我来吧 — wǒ lái ba — 제가 할게요.
- 今天我来做饭 — jīntiān wǒ lái zuòfàn — 오늘은 제가 밥을 하죠.
- 你来学汉语吧 — nǐ lái xué hànyǔ ba — 당신 중국어 공부를 하세요.

3. 주시라이 (~주세요)

- 再来一瓶 — zài lái yìpíng — 한 병 더 주세요.
- 来十个鸡蛋 — lái shí ge jīdàn — 계란 10개 주세요.
- 先来一个 — xiān lái yíge — 한 개 먼저 주세요.
- 来抱一个 — lái bào yíge — 한 번 안아주세요.

- 今夜 jīnyè 명 오늘 밤
- 抱 bào 동 포옹하다, 안다
- 一直 yìzhí 부 줄곧, 계속
- 鸡蛋 jīdàn 명 계란

4. 라이라이라이, 자자자~

- 来来, 我们来学汉语吧　　láilái, wǒmen lái xué hànyǔ ba　　자자, 우리 중국어 배웁시다.
- 来来来, 喝吧　　láiláilái, hē ba　　자자자. 마십시다.
- 来, 看一下吧　　lái, kàn yíxià ba　　자, 한 번 봅시다.

5. 방향보어 来

- 上来　shànglai　올라와
- 进来　jìnlai　들어와
- 过来　guòlai　이리와
- 下来　xiàlai　내려와
- 回来　huílai　돌아와
- 起来　qǐlai　일어나

* 상황극으로 배우는 来 총정리

Ⓐ : 来来来, 下班吧!　　láiláilái, xiàbān ba　　자자자. 퇴근합시다!

今天一起吃饭吧, 我来请客。　　jīntiān yìqǐ chīfàn ba, wǒ lái qǐngkè　　오늘 같이 밥 먹어요, 제가 한턱내죠!

你来说吧, 我们吃什么?　　nǐ lái shuō ba, wǒmen chī shénme　　당신이 말해봐요. 우리 뭘 먹을까요?

Ⓑ : 金小姐也来吗?　　jīn xiǎojiě yě lái ma　　미스 김도 오나요?

Ⓐ : 她不来。　　tā bù lái　　그녀는 오지 않아요.

Ⓑ : 她不来, 我也不去。　　tā bù lái, wǒ yě bú qù　　그녀가 안 오면 저도 안 갈래요.

(一个人来饭馆　　yí ge rén lái fànguǎn　　혼자 식당에 옴)

Ⓐ : 服务员, 来一瓶啤酒。　　fúwùyuán, lái yìpíng píjiǔ　　여기요~ 맥주 한 병 주세요.

원샷 원킬 아래 문장을 멋지게 번역해보세요.

- 爸爸妈妈, 我来了。

- 看看, 谁没来?

- 妈妈, 我来帮你。

- 亲爱的, 来抱一个。嗯~

- 来来来, 再来一杯。

- 不要过来!

더블 킬

MP3 08-3

모든 문장에 来를 1회 이상 사용해야 합니다. 작문에 도전해보세요.

01 오다.

02 안 오다.

03 오지 마!

04 그가 올까?

05 와야 한다.

06 올 수 없다.

07 그는 오지 않았다.

08 그는 오지 않는다.

09 내가 할게.

10 내가 도와줄게.

11 오늘 제가 밥을 하죠

12 한 번 안아줘.

13 자자자, 마십시다.

14 얼른 돌아와, 내가 기다리고 있어.

작문 끝판왕

자기야~ 뽀뽀 한 번 해주라~

오늘은 내가 라면 끓일게.

자, 너 먼저 한 입~

확인사살

연습문제

1. 각 문장에 쓰인 来가 어떤 용법으로 쓰였는지 보기에서 번호를 골라 해석해보세요.

　　　① 오다　② 적극적으로 하다　③ 주세요　④ 자자자　⑤ 방향보어

❶ 大家好，我来介绍一下。

❷ 我来北京快一年了。

❸ 你快进来吧！外边很冷！

❹ 来！大家喝一杯吧！

❺ 老板～ 来一份蓝瘦香菇！

2. 다음 문장에 来가 들어갈 위치를 고르세요. (중복 선택 가능)

❶ ① 金老师　② 今天　③ 会不会　④ 呢？

❷ 下班 ① 以后 ② 我 ③ 请客 ④ ！

❸ 你一直 ① 等他 ② 他怎么 ③ 不回 ④ 呢！

❹ 小姐 ① 一个 ② 鱼香肉丝 ③ 再 ④ 两碗米饭

・**鱼香肉丝** yúxiāngròusī
명 어향육사
(외국인 입맛에 잘 맞는 무난한 돼지고기 요리)

蓝瘦香菇 [lánshòuxiānggū]
难受想哭 [nánshòu xiǎngkū]
괴롭다. 울고싶다

2016년 중국 유행어 1위. 여자친구와의 결별 심경을 영상으로 찍어 자신의 SNS에 올린 남성의 발음 때문에 생겨난 유행어. 실제 메뉴로 개발되기도 했어요.

UNIT 08 来 : 이리 와서 함께해요

 실력을 높여봐요

중국어로 스펙 up! 시작해볼까요?

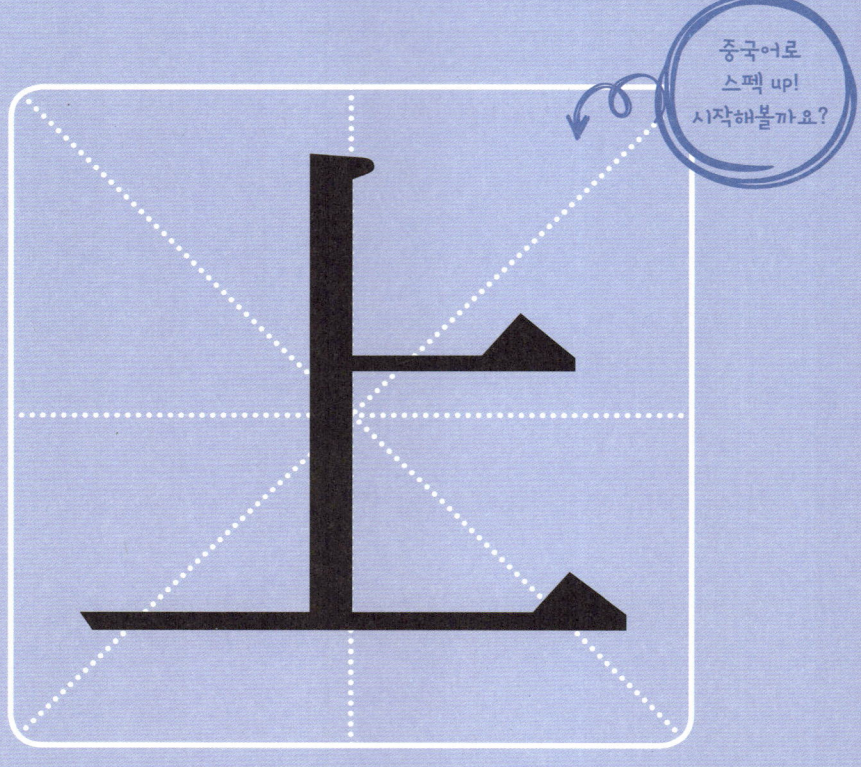

[shàng]

- ❶ **시작하다** : 출근길에 오르다, 등굣길에 오르다.
- ❷ **올라가다** : 차에 오르다, 무대에 오르다.
- ❸ **위, 위쪽** : 의자 위, 책 위.
- ❹ **지난** : 지난달, 지난주 (오늘 기준으로 달력 위)
- ❺ 결과보어 上 (부착上, 합쳤上)

 목표 조준   ▶ MP3 09-1

1. (정한 시간이 되어) 시작하다

- 上班   shàngbān   출근을 하다 (↔ 下班 xiàbān)
- 上课   shàngkè   수업을 하다 (↔ 下课 xiàkè)
- 上学   shàngxué   등교를 하다 (↔ 放学 fàngxué)

2. 올라가다

- 上车   shàngchē   차에 오르다
- 上楼   shànglóu   위층으로 올라가다
- 上台   shàngtái   무대에 오르다
- 上市   shàngshì   물건이 시장에 나오다, 출시되다, (주식에) 상장되다
- 上传   shàngchuán   업로드하다
- 上来   shànglái   올라오다
- 上去   shàngqù   올라가다
- 上涨   shàngzhǎng   (물가 등이)오르다
- 好好学习，天天向上   hǎohǎo xuéxí, tiāntiānxiàngshàng   열심히 배워서, 승승장구하자.

3. 위, 위쪽 ('명사의 위'의 의미로 활용될 때 上은 경성)

- 请上面写   qǐng shàngmiàn xiě   위쪽에 쓰세요.
- 桌子上的书   zhuōzi shang de shū   테이블 위의 책
- 椅子上睡觉   yǐzi shang shuìjiào   의자 위에서 잠을 자요.
- 世界上最可爱   shìjiè shang zuì kě'ài   세상에서 제일 귀여워요.
- 路上辛苦了   lù shang xīnkǔ le   오시느라 수고하셨어요.

- **向** xiàng 개 ~를 향하여
- **桌子** zhuōzi 명 책상
- **写** xiě 동 쓰다
- **椅子** yǐzi 명 의자

4. 지난 (오늘을 기준으로 달력의 윗부분)

- 上个月　　　　shàng ge yuè　　　　지난달
- 上上个月　　　shàngshàng ge yuè　　지지난달
- 上个星期　　　shàng ge xīngqī　　　지난주
- 上个星期五　　shàng ge xīngqīwǔ　　지난주 금요일
- 上次　　　　　shàngcì　　　　　　　저번, 지난번
- 上半年　　　　shàngbànnián　　　　(일년의) 상반기

5. 결과보어 上 ❶ (~하게 되었다, 궤도에 오름)

- 喜欢上你了　　　　xǐhuanshàng nǐ le　　　　　당신이 좋아졌어요.
- 看上你了　　　　　kànshàng nǐ le　　　　　　당신이 마음에 들기 시작했어요.
- 我一定要考上大学　wǒ yīdìng yào kǎoshàng dàxué　전 꼭 대학에 합격할 거예요.
- 交上女朋友　　　　jiāoshàng nǚpéngyou　　　　여자친구를 사귀게 되었어요.
- 我要追上你　　　　wǒ yào zhuīshàng nǐ　　　　당신을 따라잡겠어요.

6. 결과보어 上 ❷ (부착上, 합쳤上) 〈동작을 실제로 해보면 손등이 위로 올라와요 ^^〉

- 穿上运动鞋　　chuānshàng yùndòngxié　　운동화를 신다
- 戴上帽子　　　dàishàng màozi　　　　　모자를 쓰다
- 关上门　　　　guānshàng mén　　　　　문을 닫다
- 合上嘴　　　　héshàng zuǐ　　　　　　입을 닫다

- 穿　chuān　동 입다, 신다
- 戴　dài　동 착용하다, 차다, 달다, 끼다
- 追　zhuī　동 뒤쫓다, 구애하다
- 嘴　zuǐ　명 입

원샷 원킬 아래 문장을 멋지게 번역해보세요.

- 上课了，学生要认真听讲。

- 快上车! 我们出去兜兜风吧。

- 桌子上的手机和咖啡。

- 好好学习天天向上。

- 上个月的第一天我们分手了。

- 我喜欢上你了，你做我的男朋友吧。

 더블 킬

모든 문장에 上를 1회 이상 사용해야 합니다. 작문에 도전해보세요.

01 수업을 하다.

02 아빠는 출근, 난 등교.

03 빨리 올라와.

04 차 타기 싫어.

05 위에 이름을 쓰세요.

06 비행기(위)에서 책 보지 마세요.

07 세상에서 네가 제일 예뻐.

08 열공해서 승승장구하자!

09 지난주 금요일에 만난 그녀.

10 지난달에 헤어졌어.

11 그녀가 좋아졌어.

12 네가 맘에 들기 시작했어.

13 제일 비싼 옷을 입다.

14 마음의 문을 닫자.

작문 끝판왕

나 너를 사랑하게 되었어.

대학에 들어가서, 너에게 고백할 거야.

이것이 나의 내년 상반기 목표야!

1. 보기의 단어를 알맞은 곳에 넣어 대화를 완성하세요.

考上　　上课　　桌子上　　关上　　向上　　上个月

老师：这 ① _____ 的手机是谁的呀？
　　　이 책상 위의 핸드폰 누구 거니?

学生：是我的! 怎么样？是 ② _____ 新买的。
　　　제 거예요! 어때요? 저번 달에 새로 산 거예요.

老师：不错，但是 ③ _____ 的时候不许玩手机!
　　　괜찮네, 하지만 수업할 때는 핸드폰 사용 금지야!

老师：坐在后边的同学把门 ④ _____ 吧。
　　　뒤쪽에 앉은 학생 문 닫고.

学生：老师~ 我想 ⑤ _____ 北大!
　　　선생님~ 저 북경대에 들어가고 싶어요!

老师：只有好好学习，才能天天 ⑥ _____ !
　　　열심히 공부해야만이 나날이 발전할 수 있단다!

2. 다음 글을 보고 어울리는 그림과 연결하세요.

追上　　　　　　戴上耳机　　　　　　合上书
 •　　　　　　　　　•　　　　　　　　　•

 •　　　　　　　　　•　　　　　　　　　•

UNIT 10 어서 결심을 내려요

[xià]

❶ **내려가다** : 차에서 내리다, 무대에서 내려가다, 내려받다.
❷ **아래, 아래 쪽**
❸ **다음** : 다음달, 다음번, 다음주 (오늘 기준으로 달력 아래)
❹ **下**가 들어간 흥미로운 표현
❺ **동사 + 下** (앉아↘, 내려놔↘, 넣어둬↘, 꿇어↘)

 **목표 조준** ▶ MP3 10-1

1. 내려가다

- 下来 xiàlái 아래로 내려오다
- 下楼 xiàlóu 계단을 내려가다
- 下台 xiàtái 무대에서 내려오다, 하야하다
- 下载 xiàzài 다운로드하다 (내려받다)
- 下命令 xià mìnglìng 명령을 내리다
- 下课 xiàkè 수업을 마치다

- 下去 xiàqù 아래로 내려가다
- 下车 xiàchē 차에서 내리다
- 下棋 xiàqí 장기·바둑 등을 두다
- 下雨 xiàyǔ 비가 내리다
- 下雪 xiàxuě 눈이 내리다
- 下班 xiàbān 퇴근하다

2. 아래, 아래 쪽 (방향이 아래, 급이 아래)

- 天下 tiānxià 천하 (하늘 아래)
- 地下 dìxià 지하
- 下品 xiàpǐn 하등품
- 下手 xiàshǒu 부하직원, 아랫 사람 (↔ 上司 shàngsi 상사, 윗 사람)

- 山下 shānxià 산 아래
- 下面 xiàmian 아랫 부분, 밑
- 下级 xiàjí 하급

3. 다음, 다음달, 다음주 (오늘 기준으로 달력 아래)

- 下个月 xià ge yuè 다음달
- 下个星期 xià ge xīngqī 다음주
- 下个星期五 xià ge xīngqīwǔ 다음주 금요일
- 下一站 xià yí zhàn 다음 역
- 下次 xiàcì 다음번
- 下半年 xiàbànnián 하반기
- 下辈子 xiàbèizi 다음 생, 다음 생애

Tip 下面 [xiàmian]은 아래, 밑의 의미와 다음(next)의 의미를 모두 가지고 있어요.

4. 下가 들어간 흥미로운 표현

- 下酒　　　　xiàjiǔ　　　　안주를 곁들여 술을 마시다.
- 下酒菜　　　xiàjiǔcài　　　안주
- 用 A 下酒　　yòng A xiàjiǔ　A를 안주로 삼다
- 下馆子　　　xiàguǎnzi　　　음식점에 식사하러 가다.
- 下决心　　　xiàjuéxīn　　　결심하다. 결심을 내리다

5. 동사 + 下 (앉아↘, 내려놔↘, 넣어둬↘, 벗어↘, 꿇어↘)

- 坐下　　　　　　　　zuòxià　　　　　　　　　　　앉다
- 好好坐下, 坐下休息　hǎohao zuòxià, zuòxià xiūxī　편히 앉아. 앉아서 쉬어.
- 放下　　　　　　　　fàngxià　　　　　　　　　　내려놓다. 수용하다
- 要放下的该放下　　　yào fàngxià de gāi fàngxià　내려놓을 건 내려놓기.
- 收下　　　　　　　　shōuxià　　　　　　　　　　받아두다. 받아놓다
- 是个小心意, 请收下　shì ge xiǎoxīnyì, qǐng shōuxià　작은 정성이니 받아두세요.
- 脱下　　　　　　　　tuōxià　　　　　　　　　　　벗다. 벗기다
- 脱下假面具　　　　　tuōxià jiǎmiànjù　　　　　　가면을 벗어요.
- 跪下　　　　　　　　guìxià　　　　　　　　　　　무릎을 꿇다
- 给我跪下　　　　　　gěi wǒ guìxià　　　　　　　 딱 꿇어!

- 棋　qí　명 장기, 바둑, 체스
- 跪　guì　동 무릎을 꿇다. 꿇어앉다
- 脱　tuō　동 벗다
- 决心　juéxīn　명 결심, 결의, 다짐

🎯 원샷 원킬 아래 문장을 멋지게 번역해보세요.

- 每天准时下班。

- 放下就是幸福。

- 外面又下雨了, 别忘记带雨伞哦。

- 请收下我们的礼物。

- 如果有下辈子, 我想和你在一起。

- 孩子们老爱在桌子下玩儿。

 더블 킬

모든 문장에 下를 1회 이상 사용해야 합니다. 작문에 도전해보세요.

01 이곳이 나의 천하(세상)이다.

02 산 아래의 여인

03 책의 아랫 부분

04 그 다음, 우리는 작문을 해야 합니다.

05 나는 다음주에 중국에 간다.

06 다음 역은 행복입니다.

07 다음에 또 와요.

08 여러분, 하차하세요.

09 곧 수업이 끝나요.

10 내려놓는 것이 행복입니다.

11 내 선물을 받아줘.

12 술을 끊기로 결심하다.

13 치킨을 안주로 삼다.

14 우리 오늘 외식해요.

작문 끝판왕

다음 역은 '행복', '행복'역입니다.

하차하시는 승객 여러분께서는

내리시기 전 준비를 해주시기 바랍니다.

보기의 단어를 알맞은 곳에 넣어 문장을 완성하세요.

下课   下次   下一站   下辈子

桌子下   下车   下雨   下馆子

同学 A : ① _____ 以后我们一起去逛街吧~
수업 끝나고 우리 같이 쇼핑가자~

同学 B : 你看，外边在 ② _____ 呢，③ _____ 去吧。
밖에 봐봐, 비 오잖아, 다음에 가자.

同学 A : ④ _____ 有雨伞嘛~ 去吧去吧~
책상 밑에 우산 있잖아~ 가자 가자~

(在车上)

同学 A : ⑤ _____ 就到了，准备 ⑥ _____ ！
다음 역에 도착해, 내릴 준비하자!

同学 B : 逛完街以后去吃晚饭吧。
쇼핑 다 하고 저녁 먹으러 가자.

同学 A : 好~ 今天我们难得 ⑦ _____ 耶!
좋아~ 오늘 우리 오랜만에 외식! 예~

同学 B : 你果然是我的好朋友! ⑧ _____ 我们还在一起吧! 嘻嘻。
역시 내 베프, 다음 생애에도 우리 함께하자! 히히

闺蜜 [guīmì]
여자 사이의 절친, 베프를 일컫는 말. 형제같이 절친한 친구는 哥们儿 [gēmenr]이라고해요.

UNIT 11 제가 볼 때, 당신은 할 수 있어요

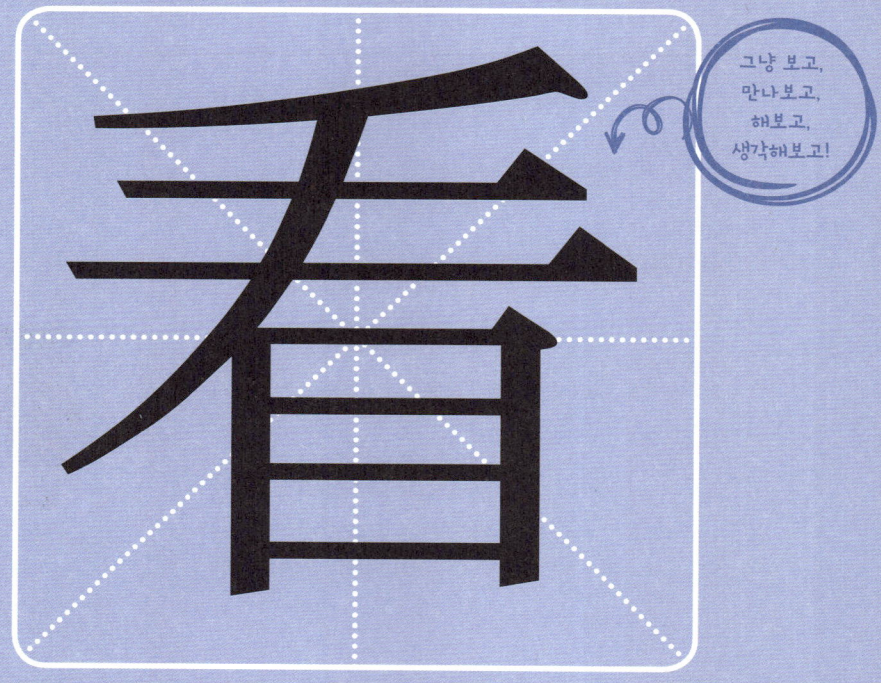

그냥 보고, 만나보고, 해보고, 생각해보고!

[kān] / [kàn]

❶ **보다** : 책 보다, 영화 보다, 신문 보다.
❷ **얼굴 보다** : 부모님 뵈러 간다, 친구 보러 간다.
❸ **~ 해보다** : 해보다, 먹어보다, 입어보다.
❹ **자세히 보다** : 진찰하다, 꿰뚫어보다, 간파하다.
❺ **~라고 보다, 판단하다**
❻ **돌보다, 간호하다, 지키다**
❼ **看**이 들어간 흥미로운 표현

 **목표 조준**  MP3 11-1

1. 보다

- 看书　　　　　　　　kàn shū　　　　　　　　　　책을 보다.
- 我在看你　　　　　　wǒ zài kàn nǐ　　　　　　　　당신을 보고 있어요.
- 你看什么　　　　　　nǐ kàn shénme　　　　　　　당신은 무엇을 보나요?
- 看什么看, 别看　　　 kàn shénme kàn, bié kàn　　　 보긴 뭘 봐요! 보지 마요.
- 今天我们看什么电影　jīntiān wǒmen kàn shénme diànyǐng　오늘 우리 무슨 영화 봐요?
- 想看电影, 不想看书　xiǎngkàn diànyǐng, bùxiǎng kàn shū　영화 보고 싶어요, 책 보기 싫어요.

2. 얼굴 보다 (만나다, 얼굴을 보러 가다)

- 我去看朋友　　　　　wǒ qù kàn péngyou　　　　　나는 친구를 만나러 (보러) 간다.
- 女儿去看父母　　　　nǚ'ér qù kàn fùmǔ　　　　　　딸이 부모님을 만나러 (뵈러) 간다.
- 去学校看老师　　　　qù xuéxiào kàn lǎoshī　　　　선생님 만나 뵈러 학교에 간다.

3. ~ 해보다

- 我来试试看　　　　　wǒ lái shìshi kàn　　　　　　제가 해볼게요.
- 你们来尝尝看　　　　nǐmen lái chángchang kàn　　너희들이 와서 맛을 보렴.
- 像我一样做做看　　　xiàng wǒ yíyàng zuòzuo kàn　저처럼 해보세요.
- 汉语不难, 学学看　　hànyǔ bù nán, xuéxue kàn　　중국어 안 어려워요, 배워보세요.

- 尝尝 chángchang 동 맛보다
- 试试 shìshi 동 (시험삼아) 해보다
- 像 xiàng 동 ~와 같다
- 一样 yíyàng 형 같다, 동일하다

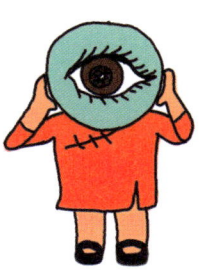

4. 자세히 보다 (관찰하다)

- 看病   kànbìng   진찰하다, 진료하다
- 看穿   kànchuān   꿰뚫어 보다
- 看破   kànpò   간파하다

5. ~라고 보다, 판단하다

- 我看，汉语不太难   wǒ kàn, hànyǔ bú tài nán   제가 볼 때 중국어 별로 안 어려워요.
- 对这件事，你怎么看   duì zhè jiàn shì, nǐ zěnme kàn   이 일에 대해서 당신은 어떻게 생각하세요?

6. 돌보다, 간호하다, 지키다 (이때는 1성 [kān])

- 看护   kānhù   간호하다
- 看门   kānmén   문을 지키다
- 在家看孩子   zài jiā kān háizi   집에서 애 본다.

7. 看이 들어간 흥미로운 표현

- 小看   xiǎokàn   우습게 여기다
- 看轻   kànqīng   경시하다, 얕보다
- 看重   kànzhòng 중시하다
- 看上   kànshàng 눈에 들다, 반하다

Tip 看样子 VS 看上去

❶ 看样子는 看来, 看起来와 같이 객관적으로 눈에 보이는 모습 외에 형세나 상황 등에 대한 묘사에 주로 활용합니다.

· 看样子明天会下大雨。 보아하니 내일 비가 많이 오겠어.

❷ 看上去는 일반적으로 정말 눈으로 보이는 것을 묘사합니다.

· 她看上去很年轻。 그녀는 젊어 보여.

 **원샷 원킬**   아래 문장을 멋지게 번역해보세요.

- 我在看书。

- 看什么看!

- 回家看看父母吧!

- 我能看穿你的心。

- 谢谢所有看轻我的人。

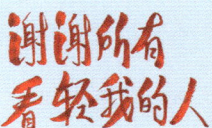

- 我看上你了。

UNIT 11 看 : 제가 볼 때, 당신은 할 수 있어요

 더블 킬   ▶ MP3 11-3

모든 문장에 看를 1회 이상 사용해야 합니다. 작문에 도전해보세요.

01 본다

02 나는 본다.

03 나는 책을 본다.

04 나는 보고 싶다.

05 너는 나를 보지 마라.

06 너는 지금 무엇을 보니?

07 너를 보고 있다.

08 나는 오늘 엄마를 보러 간다.

09 내가 한번 해볼게!

10 너희가 한번 말해봐!

11 저처럼 해보세요.

12 병원가서 검사해보세요.

13 난 그녀의 속마음을 꿰뚫어 본다.

14 내가 볼 때, 이 영화는 별로다.

15 너 나 얕보지 마!

작문 끝판왕

책 보는 건 조금도 안 힘들어.

그런데, 애 보는건 너무 어려워.

봐도 모르겠어. 애가 뭘 원하는지.

보아하니, 난 좋은 아빠가 아닌가봐.

확인사살

1. 보기의 단어를 알맞은 곳에 넣어 대화를 완성하세요.

看穿   看重   说说看   我看

A : 我被甩了。
　　나 차였어.

B : 你怎么又被甩了!
　　왜 또 차였어!

A : 我也不知道，我做错了什么。
　　나도 몰라, 내가 뭘 잘못했는지.

B : ① _____ 她已经把你 ② _____ 了。
　　내가 보니까, 그녀는 이미 네 생각을 꿰뚫어 보고 있어.

A : 你快 ③ _____ ! 女孩子到底 ④ _____ 男孩子的什么?
　　너 빨리 말해봐! 여자들은 도대체 남자의 무엇을 중시하는 걸까?

被甩了 [bèi shuǎi le]
차이다, 실연당하다

2. 다음 글을 보고 어울리는 그림과 연결하세요.

看朋友们　　　　看书　　　　看病　　　　看孩子
　•　　　　　　　•　　　　　•　　　　　•

　•　　　　　　　•　　　　　•　　　　　•

UNIT 12 먹고 사는 것도 중요하지만

먹고 사는 게 다 거기서 거기

[chī]

- ❶ **먹다** : 밥 먹다, 빵 먹다, 약 먹다.
- ❷ **먹다, 먹어 없애다** : 소멸시키다
- ❸ 한 방 **먹다**
- ❹ (~에 의지하여) **먹고 살다**
- ❺ **먹고 살기 힘들다**
- ❻ **吃**이 들어간 흥미로운 표현

🎯 목표 조준

 MP3 12-1

1. 먹다

- 吃饭   chī fàn   밥을 먹다
- 吃面包   chī miànbāo   빵을 먹다
- 吃药   chī yào   약을 먹다
- 平时爱吃水果   píngshí ài chī shuǐguǒ   평소에 과일을 즐겨 먹어요.
- 多吃素少吃肉   duō chī sù shǎo chī ròu   채소는 많이, 고기는 조금 드세요.

2. 먹다, 먹어 없애다, 소멸시키다

- 用车吃马   yòng jū chī mǎ   (장기판에서) 차로 말을 먹다.
- 游戏里可以吃敌人   yóuxì lǐ kěyǐ chī dírén   게임에서는 적을 먹을 수 있다.
- 大公司吃小公司   dà gōngsī chī xiǎo gōngsī   대기업이 소기업을 먹다. (인수하다)

3. 먹다 (한 방 먹다)

- 吃我一拳   chī wǒ yìquán   내 주먹을 먹어라!
- 吃了他一拳   chī le tā yìquán   그에게 한 방 먹었다.

- 平时 píngshí 명 평소, 평상시
- 素 sù 명 식물성 음식
- 游戏 yóuxì 명 게임
- 敌人 dírén 명 적
- 水果 shuǐguǒ 명 과일
- 肉 ròu 명 육류, 고기
- 大公司 dàgōngsī 명 대기업
- 拳 quán 명 주먹

4. (~에 의지하여) 먹고 살다

- 靠山吃山　　　kàoshān chīshān　　　산 근처에서 산에 기대어 먹고 산다.
- 靠水吃水　　　kàoshuǐ chīshuǐ　　　강 근처에서 강에 기대어 먹고 산다.
- 吃公家饭　　　chīgōngjiāfàn　　　국가의 녹을 먹다. 관리로 근무하다.

5. 먹고 살기 힘들다

- 吃苦　　　chīkǔ　　　고통을 맛보다. 고생하다.
- 吃力　　　chīlì　　　힘들다. 고달프다.
- 吃亏　　　chīkuī　　　손해를 보다. 애를 먹다.

6. 吃이 들어간 흥미로운 표현

- 吃惊　　　chījīng　　　놀라다 (놀라면 입을 가리는 모습 연상)
- 吃货　　　chīhuò　　　밥통. 식충이 (먹기만 하는 물건 연상)
- 吃喜糖　　　chīxǐtáng　　　사탕을 먹다 = 결혼하다
　　　　　　　　　　　　　　(우리말의 '국수를 먹다'와 유사)
- 吃醋　　　chīcù　　　질투하다. 시기하다
　　　　　　　　　　　(식초 먹으면 얼굴 일그러지고 속 쓰림)
- 吃素　　　chīsù　　　채식하다
- 口吃　　　kǒuchī　　　말을 더듬다

- 靠 kào 통 기대다　　· 公家 gōngjia 명 국가, 공공단체　　· 醋 cù 명 식초

원샷 원킬 아래 문장을 멋지게 번역해보세요.

- 我要吃饭。

- 大公司吃小公司。

- 游戏里可以吃敌人。

- 吃我一拳!

- 靠山吃山。

- 学得非常吃力。

 더블 킬

▶ MP3 12-3

모든 문장에 吃를 1회 이상 사용해야 합니다. 작문에 도전해보세요.

01 먹는다.

02 나는 먹는다.

03 나는 밥을 먹는다.

04 나는 먹고 싶다.

05 너는 먹지 마라.

06 먼저 밥 먹고, 그런 다음 약을 먹어라.

07 그녀에게 한 방 먹었다.

08 대기업이 우리 회사를 먹었다.

09 나는 국가의 녹을 먹고 산다.

10 나는 놀랐다.

11 나는 식충이가 아니다!

12 당신 질투나요?

13 어린 시절, 정말 많은 고생을 했다.

14 너 약 잘못 먹었어? 오늘 왜 그래?

작문 끝판왕

- **속담** 아침은 잘 먹고, 점심은 배불리 먹고, 저녁은 적게 먹기.

- **나님** 아침은 잘 먹고, 점심은 배불리 먹고, 저녁은 많이 먹네...

1. 보기의 단어를 알맞은 곳에 넣어 대화를 완성하세요.

吃饭   吃力   吃货   吃喜糖

妈妈 : 你什么时候让我 ① _____ ?
　　　너 언제 결혼할 거야?

剩女 : 妈, 我干得很 ② _____ 。你不要这么说!
　　　엄마, 나 일하는 거 힘들어. 그렇게 말하지 마!

妈妈 : 好了好了, ③ _____ 吧!
　　　알았다 알았어, 밥이나 먹어!

剩女 : 我是个 ④ _____ 吗? 我不吃了!
　　　내가 뭐 식충이야? 안 먹어!

剩女 [shèngnǚ] 노처녀

2. 어울리는 단어 또는 문장과 연결하세요.

•　　　　　　•　　　　　　•

•　　　　　　•　　　　　　•

吃惊　　　　不想吃饭　　　　工作吃力

UNIT 12 吃 : 먹고 사는 것도 중요하지만

UNIT 13 배우고 싶으면 배워야죠

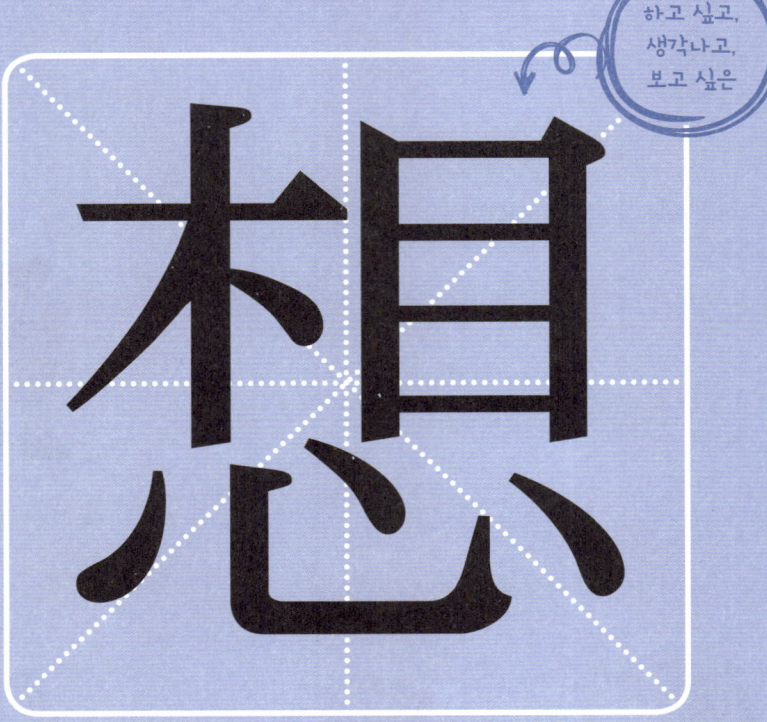

하고 싶고, 생각나고, 보고 싶은

想
[xiǎng]

❶ ~ 하고 싶다 (조동사)
❷ ~ 했으면 싶다 (조동사)
❸ 보고 싶다, 그리워하다 (동사)
❹ 생각하다 (동사)
❺ 想이 들어간 흥미로운 표현

 목표 조준

MP3 13-1

1. ~ 하고 싶다 (조동사)

- 我想回家　　　　　wǒ xiǎng huíjiā　　　　　집에 가고 싶어요.
- 我想上学　　　　　wǒ xiǎng shàngxué　　　　학교 다니고 싶어요.
- 我想喝咖啡　　　　wǒ xiǎng hē kāfēi　　　　 커피 마시고 싶어요.
- 我想买车　　　　　wǒ xiǎng mǎi chē　　　　 차 사고 싶어요.
- 不想上班　　　　　bù xiǎng shàngbān　　　　출근하기 싫어요.
- 不想吃饭　　　　　bù xiǎng chīfàn　　　　　밥 먹기 싫어요.
- 不想跟你说话　　　bù xiǎng gēn nǐ shuōhuà　당신과 말하기 싫어요!

2. ~ 했으면 싶다 (조동사)

- 我想有个房子　　　wǒ xiǎng yǒu ge fángzi　　　집이 있었으면 싶어요.
- 我想有个弟弟　　　wǒ xiǎng yǒu ge dìdi　　　　남동생이 있었으면 싶어요.
- 我想有个女朋友　　wǒ xiǎng yǒu ge nǚpéngyou　여자친구가 있었으면 싶어요.
- 我想和你有个家　　wǒ xiǎng hé nǐ yǒu ge jiā　　당신과 가정을 이뤘으면 싶어요.

3. 보고 싶다, 그리워하다 (동사)

- 我想你　　　　　　wǒ xiǎng nǐ　　　　　　당신이 보고 싶어요.
- 我想家　　　　　　wǒ xiǎng jiā　　　　　 집이 그리워요.
- 我想男朋友　　　　wǒ xiǎng nánpéngyou　　남자친구가 보고 싶어요.

- **房子** fángzi 명 집, 건물
- **说话** shuōhuà 동 말하다, 이야기하다

UNIT 13 想 : 배우고 싶으면 배워야죠

4. 생각하다 (동사)

- 你在想什么　　　nǐ zài xiǎng shénme　　　당신 지금 무슨 생각해요?
- 你想好了吗　　　nǐ xiǎng hǎo le ma　　　잘 생각해봤어요?
- 我没想过结婚　　wǒ méi xiǎngguo jiéhūn　　전 결혼 생각 안 해봤어요.

5. 想이 들어간 흥미로운 표현

- 理想　　　　lǐxiǎng　　　　　　　　명 이상 형 이상적이다
- 理想型　　　lǐxiǎngxíng　　　　　　명 이상형
- 梦想　　　　mèngxiǎng　　　　　　　명 꿈, 몽상 동 갈망하다
- 想象　　　　xiǎngxiàng　　　　　　　명 상상 동 상상하다
- 幻想　　　　huànxiǎng　　　　　　　명 환상, 몽상
- 没想到　　　méixiǎngdào　　　　　　생각지 못하다
- 想起来了　　xiǎngqǐlái le　　　　　　생각나다
- 想不起来　　xiǎngbuqǐlái　　　　　　생각나지 않다
- 梦想成真　　mèngxiǎngchéngzhēn　　　꿈은 이루어진다

- **结婚** jiéhūn 동 결혼하다

원샷 원킬 아래 문장을 멋지게 번역해보세요.

- 不想上班, 想休息一天。

- 我想有个男朋友, 我的男朋友在哪儿?

- 宝宝, 你也想家吗?

- 你在想什么? 哥哥在想着你, 你呢?

- 你比自己想象的更强大!

- 有梦想才有希望, 有梦想才有未来。

더블 킬

모든 문장에 想을 1회 이상 사용해야 합니다. 작문에 도전해보세요.

01 하고 싶다.

02 나는 하고 싶다.

03 쉬고 싶다.

04 하고 싶지 않다.

05 출근하기 싫다.

06 여자친구가 있었으면 싶다.

07 말하지 마, 듣고 싶지 않아.

08 자기, 무슨 생각하고 있어?

09 생각치 못했다.

10 네가 이런 사람인 줄 생각도 못했다.

11 생각났어!

12 생각이 안 나.

13 너의 꿈은 무엇이니?

14 네가 정말 그리웠어.

작문 끝판왕

저는 선생님이 되고 싶어요.
이게 바로 제 꿈이죠.
전 믿어요, 꿈은 이루어진다고!
당신의 꿈은 무엇인가요?

보기의 단어를 알맞은 곳에 넣어 대화를 완성하세요.

想起来   梦想   理想   没想到

想象   幻想   想不起来

A : 你的 ① _____ 型是什么?
넌 이상형이 뭐야?

B : 高福帅!
키 크고 돈 많고 잘생긴 남자!

A : 你 ② _____ 太大。
너 꿈이 크구나.

B : 这只是我的 ③ _____ 而已。。
이건 단지 내 환상일 뿐이야…

A : 我来给你介绍一个~ 你记得'大好'吧?
내가 한 명 소개해줄게, '대호' 기억나지?

B : ④ _____ 他是谁呢~ 他帅吗?
누군지 생각 안 나는데, 걔 잘생겼어?

A : 比你 ⑤ _____ 的更帅! 你看，这是他的照片。
니가 상상하는 것보다 더 잘생겼지! 자, 봐봐 걔 사진이야!

B : 啊! 我 ⑥ _____ 了! 我真 ⑦ _____ 他没有女朋友!
아! 생각났다! 얘가 여자친구 없을 줄은 정말 생각도 못했네!

高福帅 [gāofùshuài] 엄친아
키 크고 돈 많고 잘생긴 남자

UNIT 13 想 : 배우고 싶으면 배워야죠 **87**

중국어를 원한다면

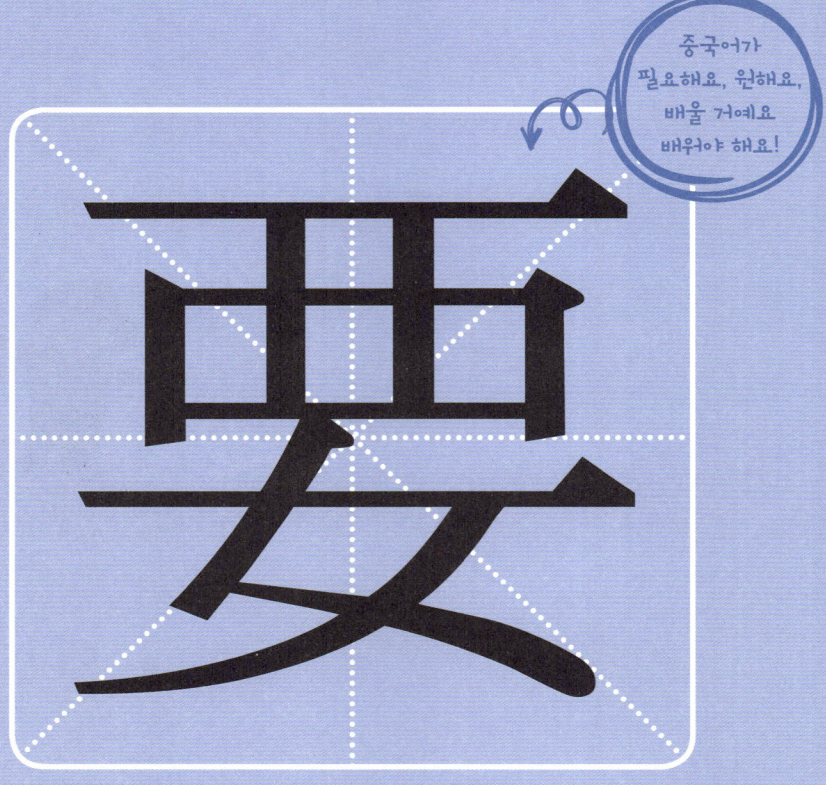

중국어가 필요해요, 원해요, 배울 거예요 배워야 해요!

[yào]

❶ **원하다, 필요하다** : 너를 원해, 네가 필요해.
❷ **~ 해 yao지!** (할 것이다 : 의지) : 중국어 배워야지!
❸ **~ 해 yao됨!** (해야 한다 : 당위) : 중국어 배워야 됨!
❹ **(시간의) 소요** : 1시간이 걸리다, 한 달이 걸리다.
❺ **~ 하려고 한다** + 了
❻ **不要 하면 안돼! 하지 마!** (금지)

1. 원하다, 필요하다

- 你要什么 nǐ yào shénme 무엇을 원해요? (무엇이 필요하세요?)
- 我要钱 wǒ yào qián 돈을 원해요. (돈이 필요해요)
- 你要吗 nǐ yào ma 원해요? (필요해요?)
- 不要 búyào 필요 없어요!
- 不要钱 búyào qián 돈 필요 없어요.

Tip 별도의 동사가 없을 때, 不要는 '필요 없다'의 의미입니다.

2. ~ 해 yao지! (~ 할 것이다 : 의지)

- 我要吃饭 wǒ yào chīfàn 저 밥 먹을 거예요.
- 我要当有钱人 wǒ yào dāng yǒuqiánrén 부자가 될 거예요.
- 我要当空姐 wǒ yào dāng kōngjiě 스튜어디스가 될 거예요.
- 我要减肥 wǒ yào jiǎnféi 저 다이어트 할 거예요.

3. ~ 해 yao됨! (~ 해야 한다 : 당위)

- 你要相信我 nǐ yào xiāngxìn wǒ 당신은 절 믿어야 해요.
- 你一定要幸福 nǐ yídìng yào xìngfú 당신은 반드시 행복해야 돼요.
- 我们要学汉语 wǒmen yào xué hànyǔ 우리는 중국어를 배워야 해요.

- 空姐 kōngjiě 명 스튜어디스
- 空哥 kōnggē 명 스튜어드
- 减肥 jiǎnféi 동 다이어트하다
- 相信 xiāngxìn 동 믿다, 신임하다
- 一定 yídìng 부 반드시, 꼭
- 幸福 xìngfú 명 행복 형 행복한

4. (시간의) 소요

- 要50分钟　　　　　　yào wǔshí fēnzhōng　　　　50분 걸려요.
- 要一年　　　　　　　yào yìnián　　　　　　　　1년 걸려요.
- 要两个小时　　　　　yào liǎng ge xiǎoshí　　　　2시간 걸려요.
- 学好汉语要几个月　　xuéhǎo hànyǔ yào jǐ ge yuè　중국어 잘 배우려면 몇 달 걸려요?

5. ~ 하려고 한다 (가까운 미래표현) 要 + 동사 + 了

- 今天我们要走了　　　jīntiān wǒmen yào zǒu le　　오늘 우리는 떠나려 해요.
- 她要走了　　　　　　tā yào zǒu le　　　　　　　그녀가 떠나려 해요.
- 要下雨了　　　　　　yào xiàyǔ le　　　　　　　비가 오려고 해요.
- 新年要来了　　　　　xīnnián yào lái le　　　　　곧 새해가 오려고 해요.

6. 不要 하면 안돼! (금지)

- 不要吃　　　　　　　búyào chī　　　　　　　　먹지 마세요.
- 不要走　　　　　　　búyào zǒu　　　　　　　　떠나지 마세요.
- 不要玩手机　　　　　búyào wán shǒujī　　　　　핸드폰 하지 마세요.
- 不要说话　　　　　　búyào shuōhuà　　　　　　말하지 마세요.
- 今天你不要回家　　　jīntiān nǐ búyào huíjiā　　　오늘 집에 가지 마세요.
- 不要靠近我　　　　　búyào kàojìn wǒ　　　　　　가까이 오지 마세요.

- 小时　xiǎoshí　명 시간 (단위)　　· 靠近　kàojìn　동 다가가다, 접근하다

원샷 원킬 아래 문장을 멋지게 번역해보세요.

· 要两瓶啤酒, 有没有冰的?

· 她要离开我, 我要喝酒。

· 一定要努力学习!

· 坐火车要一个小时。

· 不要走~ 不要走~

· 夏天快要到了, 我要减肥。

 **더블 킬**

모든 문장에 要를 1회 이상 사용해야 합니다. 작문에 도전해보세요.

01 원하다. 필요하다.

02 원하지 않아. (필요하지 않아)

03 너를 원해. (네가 필요해)

04 난 돈을 원해. (돈이 필요해)

05 원해? 필요해?

06 나 밥 먹을 거야.

07 나 다이어트할 거야.

08 난 선생님이 될 거야.

09 우린 숙제를 해야 돼.

10 넌 날 믿어야 해.

11 꼭 행복해야 돼.

12 비행기타고 몇 시간 걸려요?

13 그녀가 떠나려 해요.

14 떠나지 마세요!

작문 끝판왕

새해가 오려 해.

올해는 꼭 결혼할 거야.

얼마나 걸릴까?

너희 웃지 마! 나 얕보지 마!

확인사살

1. 다음 문장에서 要가 들어갈 위치를 고르세요.

❶ 明天　①　我们　②　就　③　考试了　④

❷ 上课　①　的　②　时候　③　不　④　玩手机

❸ 从　①　这儿　②　到那儿　③　多长时间　④　？

❹ ①　这次　②　我　③　一定　④　考上大学

2. 주어진 단어를 배열하여 하나의 문장을 만들어 보세요.

❶ (一定　幸福　你　要)

❷ (不　秘密　告诉　我的　要　你　他)

❸ (要　男人　你　的　什么样)

暖男 [nuǎnnán]
훈남 (배려심 깊고 따뜻한 남자)

3. 어울리는 그림과 연결하세요. (不想 VS 不要)

不想说再见　•

不要说再见　•

UNIT 15 배움의 문을 두드리세요

打의 打양한 용법 打 부셔버리자!

[dá] / [dǎ]

- ❶ **양사** : 12개, 다스, 한대[dá]스
- ❷ **손으로** 때리다 (공격하다, 치다)
- ❸ **손으로** 플레이하다 (손으로 하는 운동)
- ❹ **손으로** 하는 건 웬만하면 打
- ❺ 打가 들어간 흥미로운 표현

 **목표 조준**

1. 양사 打 [dá], 12개

- 一打鸡蛋　　yì dá jīdàn　　계란 12개
- 一打铅笔　　yì dá qiānbǐ　　연필 한 다스
- 一打啤酒　　yì dá píjiǔ　　맥주 12병
- 正好一打　　zhènghǎo yì dá　　딱 한 다스네요.

2. 손으로 때리다 (공격하다, 치다)

- 妈妈打孩子　　māma dǎ háizi　　엄마가 아이를 때리다.
- 两个女人在打架　　liǎng ge nǚrén zài dǎjià　　두 여자가 (때리며) 싸우고 있다.
- 打电话　　dǎ diànhuà　　전화를 걸다.
- 打字　　dǎ zì　　타자를 치다.
- 打炮　　dǎ pào　　대포를 쏘다.

3. 손으로 플레이하다 (손으로 하는 운동)

- 打篮球　　dǎ lánqiú　　농구를 하다.
- 打乒乓球　　dǎ pīngpāngqiú　　탁구를 치다.
- 打棒球　　dǎ bàngqiú　　야구를 하다.
- 打台球　　dǎ táiqiú　　당구 치다.
- 打网球　　dǎ wǎngqiú　　테니스 치다.

4. 손으로 하는 건 웬만하면 打

(사람 사이의) 관계를 유지하다

打招呼	dǎ zhāohu	(손으로) 인사하다
打交道	dǎ jiāodao	(사람끼리) 왕래하다, 교제하다

(손으로) 얻다

打水	dǎ shuǐ	물을 뜨다 (긷다)
打鱼	dǎ yú	(그물 등으로) 생업으로 낚시하다

사다

打酱油	dǎ jiàngyóu	간장을 사다 (관심, 흥미가 없다)
打酒	dǎ jiǔ	술을 사다

5. 打가 들어간 흥미로운 표현

- 打扫　　　　　　dǎsǎo　　　　　　청소하다
- 打工　　　　　　dǎgōng　　　　　 알바하다
- 打扰　　　　　　dǎrǎo　　　　　　방해하다, 폐를 끼치다
- 打扮　　　　　　dǎban　　　　　　치장하다, 꾸미다
- 打雨伞　　　　　dǎ yǔsǎn　　　　우산을 받치다 (손가락 욕을 의미하기도 함)
- 打车, 打的　　　dǎchē, dǎdī　　　택시를 잡다 (타다)
- 打表　　　　　　dǎbiǎo　　　　　(택시에서) 미터기로 가다
- 打包　　　　　　dǎbāo　　　　　 포장하다
- 打喷嚏　　　　　dǎ pēntì　　　　 재채기하다

 **원샷 원킬** 아래 문장을 멋지게 번역해보세요.

- 我有一打铅笔。

- 跟朋友好好打招呼。

- 打雨伞的小猫

- 今天我来打扫!

- 司机先生：你在打车吗? 不打表, 要不要坐?

- 你们俩不要打架!

모든 문장에 打를 1회 이상 사용해야 합니다. 작문에 도전해보세요.

01 12개

02 마침 딱 12개다.

03 너 왜 날 때려?

04 사람을 때리지 마세요.

05 나한테 전화해봐.

06 두 학생이 싸우고 있다.

07 엄마, 나 농구해도 돼?

08 여러분 인사 좀 나누세요.

09 나 방해하지 마!

10 우리 택시타고 집에 가자.

11 포장 좀 해주세요.

12 난 타이핑 하는거 안 좋아해.

13 아직 알바 중이에요?

14 당구 칠 줄 아세요?

작문 끝판왕

A : 주말에 탁구 치자!
　　지는 사람이 청소 어때?

B : 난 관심 없어. (간장 사러 나왔어)
　　방해하지 마.

확인사살

1. 보기의 단어를 알맞은 곳에 넣어 문장을 완성하세요.

打架   打扮   打招呼   一打   打   打篮球

❶ 我有12支笔, 正好_____。

❷ 他没写作业, 被老师_____了一顿。

❸ 来客人了, 你怎么不_____呢?

❹ 我女朋友不_____也漂亮!

❺ 和朋友们好好相处, 别_____。

❻ 天气这么好, 我们去_____怎么样?

好好相处
[hǎohāo xiāngchǔ]
서로 사이 좋게 지내다.

2. 다음 글과 어울리는 그림을 찾아 연결하세요.

打扫   打电话   打喷嚏   打字

 **UNIT 16 중국어로 미래를 엽시다**

중국어로 미래를 엽시다. 책을 펴시오!

开

[kāi]

- ❶ **시작하다** : 개학하다, 일을 시작하다.
- ❷ **열다** : 문을 열다, 입을 열다.
- ❸ **켜다** : 컴퓨터를 켜다, 에어컨을 켜다.
- ❹ **열려라,** 동사계의 오지라퍼
- ❺ 결과보어 **开**

 **목표 조준**  MP3 16-1

1. 시작하다 (Start)

- 开始 　　　　　　kāishǐ　　　　　　시작하다
- 开学 　　　　　　kāixué　　　　　　개학하다
- 开工 　　　　　　kāi gōng　　　　　일을 시작하다
- 开饭 　　　　　　kāi fàn　　　　　　배식을 시작하다
- 开球 　　　　　　kāi qiú　　　　　　(구기종목) 경기가 시작되다

2. 열다 (Open) ↔ 关 [guān] (Close)

- 开门 　　　　　　kāi mén　　　　　문을 열다
- 开口 　　　　　　kāi kǒu　　　　　입을 열다(말을 하다)
- 开心 　　　　　　kāixīn　　　　　　기쁘다
- 想开点 　　　　　xiǎng kāidiǎn　　 좋게 생각하다 (마음의 문 open)
- 开店 　　　　　　kāi diàn　　　　　가게를 열다 (신장개업하다)
- 开放 　　　　　　kāifàng　　　　　개방하다, 제한 봉쇄 등을 열다

3. 켜다 (On) ↔ 关 [guān] (Off)

- 开机 　　　　　　　　　kāijī　　　　　　　　기기·기계를 켜다
- 开机键 　　　　　　　　kāijījiàn　　　　　　전원 버튼
- 苹果7的开机键在哪儿 　　píngguǒ 7de kāijījiàn zài nǎr　　애플 7 전원버튼 어디 있어요?
- 开灯 　　　　　　　　　kāi dēng　　　　　　불을 켜다
- 开关 　　　　　　　　　kāiguān　　　　　　스위치

4. 열려라, 동사계의 오지라퍼

- 开车　　　kāichē　　　　　운전하다 (길을 여는 운전)
- 开花　　　kāi huā　　　　꽃이 피다 (꽃잎도 활짝 열리고)
- 开玩笑　　kāi wánxiào　　농담하다, 장난하다 (농담으로 분위기도 열리고)
- 开票　　　kāi piào　　　　영수증을 끊다 (기계가 열리며 영수증이 나와요)

5. 결과보어 开

- 打开　　　　　　　　dǎkāi　　　　　　　　　　(손으로) 열다
- 打开书　　　　　　　dǎkāi shū　　　　　　　　책을 펼쳐요.
- 放开　　　　　　　　fàngkāi　　　　　　　　　놓다
- 不要放开我的手　　　búyào fàngkāi wǒ de shǒu　제 손을 놓지 마세요.
- 离开　　　　　　　　líkāi　　　　　　　　　　 떠나다, 벗어나다, 헤어지다
- 请你不要离开我　　　qǐng nǐ búyào líkāi wǒ　　절 떠나지 마세요.
- 分开　　　　　　　　fēnkāi　　　　　　　　　　가르다, 분리되다, 나누다
- 分开两半　　　　　　fēnkāi liǎngbàn　　　　　반씩 나눠요.
- 走开　　　　　　　　zǒukāi　　　　　　　　　　저리 비켜!
- 滚开　　　　　　　　gǔnkāi　　　　　　　　　　꺼져! 사라져!

원샷 원킬 아래 문장을 멋지게 번역해보세요.

- 要开学了, 不想去学校。呜呜。

- 明天星期五, 真开心!

- 宝贝儿子, 你想开点。

- 放下手机打开书!

- 你不能放开我的手。

- 酒后开车是很危险的!

더블 킬  ▶ MP3 16-3

모든 문장에 开를 1회 이상 사용해야 합니다. 작문에 도전해보세요.

01 시작하다

02 개학하다

03 일을 시작하다

04 문을 열고 싶지 않아.

05 나 너무 기뻐.

06 좋게 생각하자.

07 요즘 개업이 쉽지 않다.

08 에어컨을 켜다.

09 불을 켜지 마세요.

10 문 좀 열어봐!

11 우린 다시 시작할 수 있어.

12 제발 내 손 놓지 마.

13 널 떠나고 싶지 않아.

14 꺼져!

작문 끝판왕

너 주려고 산 선물이야. 열어봐.

널 기쁘게 해주고 싶어.

농담 아니야. 우리 다시 시작하자.

확인사살

보기의 단어를 알맞은 곳에 넣어 대화를 완성한 후 어울리는 그림과 연결하세요.

开店   打开   想开点   开关   开始

❶ A : 这是什么 _____ ?
    이건 무슨 스위치야?

   B : 电灯 _____ 。
    전등 스위치야.

❷ A : 比赛要 _____ 了!
    시합이 곧 시작되려 해!

   B : 我准备好了!
    난 준비됐어!

❸ A : 这是我的礼物吗?
    이거 내 선물이야?

   B : 对啊! 你快 _____ 吧。
    응! 빨리 열어봐.

❹ A : 作业太多, 好烦啊!
    숙제가 너무 많아, 너무 귀찮아!

   B : _____ 点吧! 我来帮你做。
    좋게 좋게 생각해! 내가 숙제하는 거 도와줄게.

❺ A : 毕业以后你想做什么?
    졸업 후에 뭐 하고 싶어?

   B : 我想自己 _____ !
    난 내 가게를 열고 싶어.

UNIT 17 맞아요! 우린 할 수 있어요

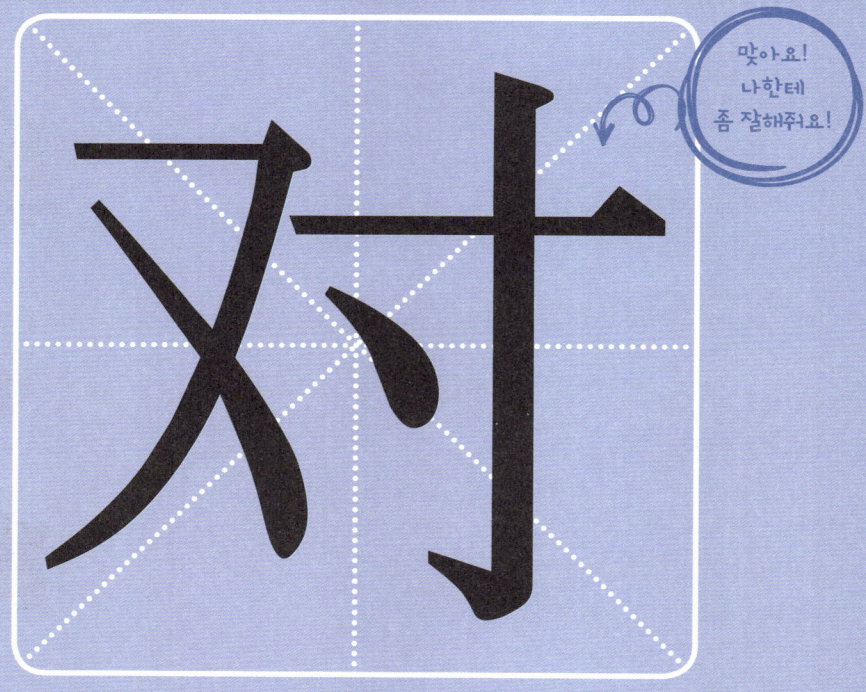

맞아요! 나한테 좀 잘해주요!

[duì]

❶ **맞다**, 옳다, 정확하다 : 맞지? 맞아! 맞지 않아!
❷ 아 **맞다**!
❸ 결과보어 **对** ('맞다'의 의미)
❹ 양사 **对** (마주보고 있는 한 쌍)
❺ 개사 **对** (~에 대해, ~한테)
❻ **对**가 들어간 흥미로운 표현

 **목표 조준**  MP3 17-1

1. 맞다 (옳다, 정확하다)

- 你喜欢我, <u>对</u>不<u>对</u> nǐ xǐhuan wǒ, duìbuduì 당신 저 좋아하는 거, 맞죠?
- 我们是好朋友, <u>对</u>不<u>对</u> wǒmen shì hǎo péngyou, duìbuduì 우리 좋은 친구죠, 맞죠?
- 都是我不<u>对</u> dōu shì wǒ bú duì 모두 내 잘못이에요.
- 谁<u>对</u>谁不<u>对</u> shéi duì shéi bú duì 누가 맞고 누가 틀렸나요?
- 我不<u>对</u>, 我该死, 我不是人, 你饶了我吧
  wǒ bú duì, wǒ gāi sǐ, wǒ bú shì rén, nǐ ráo le wǒ ba
  제가 잘못했어요, 제가 죽일 놈이에요, 전 인간도 아니에요, 한 번만 봐주세요.

2. 아, 맞다 对

- <u>对</u>了 duì le 아참! 아 맞다!
  (了는 어기조사로 거들뿐)
- <u>对</u>了, 今天是他的生日 duì le, jīntiān shì tā de shēngrì 아참! 오늘이 그의 생일이군요!

3. 결과보어 对 (동사 + 결과보어 对) '맞다'의 의미

- 你说<u>对</u>了 nǐ shuō duì le 당신 말이 맞아요.
- 你写<u>对</u>了这个汉字 nǐ xiě duì le zhè ge hànzì 당신은 이 한자를 맞게 썼어요.
- 吃<u>对</u>了是补药, 吃错了是毒药 chī duì le shì bǔyào, chī cuò le shì dúyào
  잘 먹으면 보약, 잘못 먹으면 독약

- 该 gāi 동 ~해도 싸다
- 错 cuò 동 틀리다, 맞지 않다
- 补药 bǔyào 명 보약
- 饶 ráo 동 용서하다
- 汉字 Hànzì 명 한자
- 毒药 dúyào 명 독약

4. 양사 对 (마주보고 있는 한 쌍)

- 一对男女　　　　　　yí duì nánnǚ　　　　　　한 쌍의 남녀
　　　　　　　　　　　　　　　　　　　　　　　　(双 [shuāng]은 모양이 같은 한 쌍)

- 喝咖啡的一对情侣　　hē kāfēi de yí duì qínglǚ　　커피를 마시는 한 쌍의 커플

- 在海边的一对情人　　zài hǎibian de yí duì qíngrén　해변가의 한 쌍의 연인

5. 개사 对 (~에 대해, ~한테)

- 他对我很好　　　　　tā duì wǒ hěn hǎo　　　　그는 저한테 잘해줘요.
- 对妈妈好一点　　　　duì māma hǎo yìdiǎn　　　엄마한테 좀 잘합시다.
- 我对你的爱　　　　　wǒ duì nǐde ài　　　　　　당신에 대한 나의 사랑
- 对 A（很）感兴趣　　duì A (hen)gǎnxìngqù　　A에게 (매우) 관심이 있다
- 对 A 不感兴趣　　　　duì A bùgǎnxìngqù　　　A에게 관심이 없다
- 对 A 来说　　　　　　duì A láishuō　　　　　　A에게 있어, A의 입장에서 말하자면

6. 对가 들어간 흥미로운 표현

- 对不起　　　　　　　duìbuqǐ　　　　　　　　미안해요.
　　　　　　　　　　　　　　　　　　　　　　(당신에게 고개를 들 수 없어요)
　　　　　　　　　　　　　　　　　　　　　　(가볍게 사과할 땐 不好意思 [bùhǎoyìsi])

- 对面　　　　　　　　duìmiàn　　　　　　　　맞은편, 건너편, 반대편
- 对方　　　　　　　　duìfāng　　　　　　　　상대방, 상대편
- 对手　　　　　　　　duìshǒu　　　　　　　　상대, 적수
- 对象　　　　　　　　duìxiàng　　　　　　　(연애·결혼의) 상대
- 对话　　　　　　　　duìhuà　　　　　　　　대화하다, (양자·다자간의) 마주보고 하는 대화

・情侣 qínglǚ 명 커플　　・情人 qíngrén 명 애인, 연인　　・兴趣 xìngqù 명 흥미, 흥취

원샷 원킬 아래 문장을 멋지게 번역해보세요.

- 你是我的好朋友，对不对？

- 对不起，我爱你。

- 您的三餐吃对了吗？

- 她对我真好！

- 喝咖啡的一对情侣

- 书店在面包店的对面。

 **더블 킬** ▶ MP3 17-3

모든 문장에 对를 1회 이상 사용해야 합니다. 작문에 도전해보세요.

01 맞다.

02 맞지 않다.

03 맞지?

04 내가 맞고, 넌 틀렸어.

05 누가 맞고 누가 틀려?

06 미안해, 모두 내 잘못이야.

07 아 맞다! 오늘 내 생일이야.

08 네 말이 맞았어.

09 한 쌍의 커플

10 난 네 맞은편에 있지.

11 그는 나의 맞은편에 있다.

12 너는 나의 적수가 아니다.

13 대화가 아주 훌륭하다.

14 그는 나에게 잘해줘.

15 스스로에게 좀 잘하자.

16 나는 중국어에 관심이 있다.

작문 끝판왕

그가 내게 말했다.

"미안. 내게 있어 넌 그저 친구야.

난 너에게 관심이 없어."

그렇다. 난 그의 연애 상대가 아니다...

보기의 단어를 알맞은 곳에 넣어 대화를 완성하세요.

对不起   说对   对吧   一对

对面   感兴趣   对了

A : 你看! 我们 ① _____ 的 ② _____ 情侣!
우리 맞은편에 한 쌍의 커플 좀 봐봐!

B : 哇塞! 女孩子真漂亮啊! ③ _____ ?
대박! 여자애 진짜 이쁘다! 맞지?

A : 你 ④ _____ 了! 好羡慕那个男孩呀~
네 말이 맞아! 저 남자애 진짜 부럽다~

B : ⑤ _____ ! 你上次不是说你有玩暧昧的女孩吗?
아참! 너 저번에 썸타는 여자 있다고 하지 않았냐?

A : 哎~ 别提了! 原来她对我不 ⑥ _____ 呢~
아이참~ 말도 마! 알고보니 걔는 나한테 관심이 없더라고~

B : ⑦ _____ 。加油啊, 一定会有更好的。
미안하다. 힘내라, 더 좋은 사람 있을거야.

玩暧昧 [wán àimèi]
'썸 타다'의 의미로 남녀사이의 애매한 관계를 묘사하는 말이에요.

UNIT 17 对 : 맞아요! 우린 할 수 있어요

UNIT 18 포기하지 않으면 다다를 수 있어요

포기하지 않는다면 能做到!

到

[dào]

❶ 도착하다, 도달하다 (특정 시점이 되다)
❷ ~까지 도착 : 从 A 到 B
❸ 결과보어 到 ❶ (목적 달성, 성공)
❹ 결과보어 到 ❷ (~까지)
❺ 到를 활용한 유행 표현

 **목표 조준** ▶ MP3 18-1

1. 도착하다, 도달하다 (특정 시점이 되다)

- 我到了　　　　　　　wǒ dào le　　　　　　　저 도착했어요.
- 马上到　　　　　　　mǎshàng dào　　　　　　곧 도착해요.
- 时间到了　　　　　　shíjiān dào le　　　　　시간이 되었어요.
- 春天到了　　　　　　chūntiān dào le　　　　봄이 되었어요.
- 你们到了吗　　　　　nǐmen dào le ma　　　　당신들 도착했어요?
- 快递到了　　　　　　kuàidì dào le　　　　　택배가 도착했어요.
- 他什么时候到　　　　tā shénmeshíhou dào　　그는 언제 도착하나요?

2. ~까지 도착 (개사)

- 到哪儿去　　　　　　dào nǎr qù　　　　　　어디까지 가나요?
- 到我这儿来　　　　　dào wǒ zhèr lái　　　제가 있는 곳까지 오세요.
- 到那儿怎么走　　　　dào nàr zěnme zǒu　　그곳까지 어떻게 가요?

从 A 到 B　A부터 B까지

从小到大　　　　　　　cóng xiǎo dào dà　　　　　어려서부터 커서까지
从我到我们　　　　　　cóng wǒ dào wǒmen　　　　나에서부터 우리까지
从3月到4月　　　　　　cóng sānyuè dào sìyuè　　3월부터 4월까지
从韩国到中国　　　　　cóng hánguó dào zhōngguó　한국에서 중국까지
从谈恋爱到结婚　　　　cóng tánliànài dào jiéhūn　연애에서 결혼까지

- **快递** kuàidì 명 택배　　・**谈恋爱** tánliànài 동 연애하다

UNIT 18 到 : 포기하지 않으면 다다를 수 있어요　113

3. 결과보어 到 ❶ (목적달성, 성공 / 그 어려운 걸 제가 또 해냅니다)

- 我终于看到了　　　　wǒ zhōngyú kàndào le　　　　제가 드디어 봤어요.
- 我吃到马卡龙了　　　wǒ chīdào mǎkǎlóng le　　　　마카롱을 먹었어요.
- 我买到票了　　　　　wǒ mǎidào piào le　　　　　　표를 사냈어요.
- 听到了他的秘密　　　tīngdào le tā de mìmì　　　　그의 비밀을 들었어요.
- 我没找到他　　　　　wǒ méi zhǎodào tā　　　　　　그를 찾아내지 못했어요.
- 我们一定会做到　　　wǒmen yídìng huì zuòdào　　　우린 반드시 해낼 수 있어요.

4. 결과보어 到 ❷ (~까지)

- 等到9点了　　　　　　děng dào jiǔdiǎn le　　　　　9시까지 기다렸어요.
- 走到首尔　　　　　　zǒudào shǒu'ěr　　　　　　　　서울까지 걸었어요.
- 他搬到北京了　　　　tā bāndào běijīng le　　　　그는 북경까지 이사갔어요.
- 我们说到哪儿　　　　wǒmen shuōdào nǎr　　　　　우리 어디까지 얘기했지요?
- 看到这里　　　　　　kàndào zhèli　　　　　　　　여기까지 봤어요.
- 他跑到家了　　　　　tā pǎodào jiā le　　　　　　그는 집까지 뛰어갔어요.

5. 到를 활용한 유행 표현

- 帅到没朋友　　　　　shuài dào méi péngyou　　　　너무 잘생겨서 친구가 없어요.
- 漂亮到没朋友　　　　piàoliang dào méi péngyou　너무 예뻐서 친구가 없어요.
- 帅到爆　　　　　　　shuài dàobào　　　　　　　　잘생김 돋는다.
- 忙到爆　　　　　　　máng dàobào　　　　　　　　　바쁨 돋는다.

- 终于 zhōngyú 튀 드디어
- 马卡龙 mǎkǎlóng 명 마카롱
- 秘密 mìmì 명 비밀
- 首尔 shǒu'ěr 명 서울
- 搬 bān 동 이사하다
- 跑 pǎo 동 달리다

원샷 원킬 아래 문장을 멋지게 번역해보세요.

- 师傅, 请到 '明洞'。

- 哇～ 我终于买到了飞机票!

- 我还没找到工作。

- 从首尔到北京坐飞机要两个小时。

- 漂亮到没朋友, 漂亮到爆!

- 幸福就是睡到自然醒。

더블 킬

MP3 18-3

모든 문장에 到를 1회 이상 사용해야 합니다. 작문에 도전해보세요.

01 도착했어요.

02 언제 도착해요?

03 곧 도착해요.

04 저번주에 막 도착했어.

05 봄이 왔어요.

06 어디로 가요?

07 내 쪽으로 와!

08 어려서부터 지금까지 남자친구가 없어.

09 한국에서 중국까지 먼가요?

10 3시부터 5시까지 수업합니다.

11 나 엑소 콘서트 티켓을 샀냈어!

12 저는 너무 예뻐서 친구가 없어요.

13 내가 이 음식을 결국 먹어냈구나.

14 어제 10시까지 기다렸어.

15 우리는 반드시 해낼 수 있어!

작문 끝판왕

새해가 되었습니다.

그러나 아직 일자리를 찾지 못했어요.

작년부터 지금까지,

아침만 되면 학교에 가서 공부를 했죠.

올해 전 반드시 해낼 거예요!

확인사살 (연습문제)

1. 다음 문장에서 到가 들어갈 위치를 고르세요.

❶ ① 从小 ② 大 ③ 我 ④ 一直 ⑤ 喜欢看电影
❷ ① 往前 ② 走 ③ 就 ④ 公交车 ⑤ 站
❸ ① 时候 ② 你 ③ 就 ④ 知道 ⑤
❹ 我们 ① 一定 ② 要 ③ 坚持 ④ 最后 ⑤ 一刻。
❺ ① 这次 ② 能 ③ 见 ④ 你 ⑤ 我很高兴。

2. 주어진 단어를 배합하여 하나의 문장을 만들어보세요.

❶ (这里   我们   吧   说   今天   到)

❷ (买   我   了   火车票   到   的   去北京)

❸ (从   没吃   我   现在   到   什么   昨天   也)

❸ (能   想到   就   能   做到)

说到做到
[shuōdàozuòdào]
한다면 한다!
약속은 반드시 지킨다!

 # 배움이 모이면
할 줄 알게 되고

배움이 모이면 할줄 알게 되죠

[huì] / [kuài]

❶ **모이다, 만나다** : 회식하다, 회의하다
❷ **할 줄 안다 (조동사)** : 배움과 경험이 모여 할 줄 안다
❸ **~ 일 것이다 (추측)** : 데이터가 모이면 이런저런 추측을 할 수 있다
❹ **会를 활용한 신조어 및 멋진 문장**
❺ **会 [kuài]는 통계, 합계**

 **목표 조준** ▶ MP3 19-1

1. 모이다, 만나다

- 会议　huìyì　회의하다
- 约会　yuēhuì　데이트하다
- 聚会　jùhuì　회식하다, 모이다
- 音乐会　yīnyuèhuì　음악회
- 机会　jīhuì　기회 (노력이 모여야 옴)
- 社会　shèhuì　사회
- 宴会　yànhuì　연회, 파티
- 省会　shěnghuì　성 (정부의 소재지)
- 演唱会　yǎnchànghuì　콘서트
- 误会　wùhuì　오해 (전적이 모이면 오해받음)

2. 할 줄 안다 (조동사) : 会 + 동사 (배움, 경험)

- 我会打乒乓球　wǒ huì dǎ pīngpāngqiú　저 탁구 칠 줄 알아요.
- 我会唱歌　wǒ huì chàng gē　저 노래 할 줄 알아요.
- 我会做饭　wǒ huì zuò fàn　저 밥 할 줄 알아요.
- 你会喝酒吗　nǐ huì hē jiǔ ma　당신 술 마실 줄 알아요?
- 我不会抽烟　wǒ búhuì chōu yān　저 담배 필 줄 몰라요.
- 他不会玩儿　tā búhuì wánr　그는 놀 줄 몰라요.

잘한다 (会 앞에 정도부사 真만 붙이면 OK)

他真会玩儿　　　　tā zhēn huì wánr　　　　　그는 참 잘 놀아요.
我真会穿衣服　　　wǒ zhēn huì chuān yīfu　　전 옷을 진짜 잘 입어요.
真会说话呢　　　　zhēn huì shuōhuà ne　　　말씀을 정말 잘하시네요.
她真会撒娇　　　　tā zhēn huì sājiāo　　　　그녀는 애교를 잘 부려요.

- 抽烟 chōuyān 동 담배 피우다
- 说话 shuōhuà 동 말을 하다
- 穿 chuān 동 입다
- 撒娇 sājiāo 동 애교부리다

UNIT 19 会 : 배움이 모이면 할 줄 알게 되고　119

3. ~일 것이다 (추측)

- 我**会**成功吗　　　wǒ huì chénggōng ma　　　제가 성공할 수 있을까요?
- 明天**会**冷吗　　　míngtiān huì lěng ma　　　내일 추울까요?
- 明天**会**美好(的)　　míngtiān huì měihǎo(de)　　내일은 좋을 거예요.
- 他**会**喜欢我吗　　　tā huì xǐhuan wǒ ma　　　그가 절 좋아할까요?
- 他不**会**喜欢你(的)　tā búhuì xǐhuan nǐ(de)　　그는 당신을 좋아하지 않을 거예요.
- 他**会**回来(的)　　　tā huì huílái(de)　　　그는 돌아올 거예요.
- 我一定**会**回来(的)　wǒ yídìng huì huílái(de)　저는 반드시 돌아올 거예요.
- 我一定**会**努力(的)　wǒ yídìng huì nǔlì(de)　　저는 반드시 노력할 거예요.
- 不**会**吧　　　　　　búhuì ba　　　　그럴 리가 없어요. (아닐 거예요)

4. 会 활용 신조어 및 멋진 문장

- 后**会**有期　　hòuhuìyǒuqī　　**성** 다음에 다시 만나요
- 城**会**玩 （你们城里人真会玩） chéng huì wán (nǐmen chéng lǐ rén zhēn huì wán)
  '도시 사람들은 정말 잘 논다'의 뜻이지만 상식 밖의 행동을 하는 사람들을 조롱할 때 사용. '놀고있네~'의 어감

5. 会 [kuài]는 통계, 합계

- **会**计　　kuàijì　　회계, 경리
- **会**计学　kuàijìxué　회계학
- **会**计师　kuàijìshī　회계사
- 财**会**　　cáikuài　　재무와 회계

- **成功** chénggōng **동** 성공하다
- **冷** lěng **형** 춥다
- **回来** huílai **동** 돌아오다

원샷 원킬 아래 문장을 멋지게 번역해보세요.

- 上午有一个会议, 晚上要去聚会, 累死我了。

- 我不会喝酒。

- 我一定会努力的! 选择我你不会后悔的。

- 她真会穿衣服。

- 后会有期! 希望我们以后还会再次相见。

- 我爸爸是很有名的会计师。

 더블 킬

모든 문장에 会를 1회 이상 사용해야 합니다. 작문에 도전해보세요.

01 기회가 없다.

02 오해하지 마.

03 우리 데이트해요.

04 여자친구랑 콘서트에 가요.

05 매일 오전에 회의가 있어.

06 나는 중국어를 할 줄 안다.

07 나는 한자를 쓸 줄 안다.

08 그녀는 술을 마실 줄 안다.

09 그녀는 술을 잘 마신다.

10 그가 날 좋아할까?

11 그녀는 널 좋아하지 않을 거야.

12 그는 반드시 돌아올 거야.

13 그럴 리가!

14 그녀는 대학에서 회계를 공부했어.

15 난 꼭 성공할 거야.

작문 끝판왕

그녀는 남자친구가 있을까?

그녀는 남자친구가 없을 거야.

하지만 날 좋아하진 않을 거야.

확인사살

1. 보기의 단어를 알맞은 곳에 넣어 문장을 완성하세요.

约会   不会   误会   音乐会   聚会

A : 今天你能来 ① _____ 吧?
　　오늘 모임에 올 수 있지?

B : 今天我要去听 ② _____, 和元彬一起去的!
　　나 오늘 음악회 가. 원빈이랑 같이!

A : 你和他 ③ _____ 吗?
　　너 그 애랑 데이트하는 거야?

B : 别 ④ _____ 啦! 他绝对 ⑤ _____ 喜欢我的!
　　오해하지 매! 그 애는 절대 날 좋아할 리 없어!

2. 会를 사용하여 그녀를 묘사해보세요.

❶ 그녀는 중국어를 할 줄 알아요.
❷ 그녀는 술을 못해요.
❸ 그녀는 말을 진짜 잘해요.
❹ 그녀는 놀 줄 아는 남자를 좋아해요.
❺ 그녀는 남자친구가 있을 거예요.
❻ 그녀의 내일은 아름다울 거예요.
❼ 그녀는 포기하지 않을 겁니다.
❽ 우리는 분명 그녀와 함께할 겁니다.

· 放弃 fàngqì 명 포기

UNIT 19 会 : 배움이 모이면 할 줄 알게 되고

 **UNIT 20** 그거면 되는 거죠

行

계속 가다보면 돼요! 우린 될 놈들이니까!

[xíng] / [háng]

- ❶ **가다, 행하다** : 여행, 진행, 유행, 거행, 성행
- ❷ **되다, 된다** : 우린 된다! 분명히 된다!
- ❸ **행, 줄, 열, 라인**
- ❹ **行**을 활용한 쉽고 멋진 문장

 **목표 조준**   ▶ MP3 20-1

1. 가다, 행하다

- 旅行　　　　　lǚxíng　　　　　　여행하다
- 进行　　　　　jìnxíng　　　　　 진행하다
- 飞行　　　　　fēixíng　　　　　 비행하다
- 流行　　　　　liúxíng　　　　　 유행하다
- 举行　　　　　jǔxíng　　　　　　거행하다
- 行动　　　　　xíngdòng　　　　 행동하다, 움직이다
- 行人　　　　　xíngrén　　　　　 행인
- 行为　　　　　xíngwéi　　　　　 행위
- 盛行　　　　　shèngxíng　　　　 성행하다

2. 되다, 된다

- 行吗　　　　　xíng ma　　　　　 돼요?
- 不行　　　　　bù xíng　　　　　 안됩니다.
- 你真行　　　　nǐ zhēn xíng　　　당신 정말 대단해요. (너 정말 될 놈)
- 你行, 我也行　　nǐ xíng, wǒ yě xíng　 당신도 되고 저도 되고.
- 你行, 我更行　　nǐ xíng, wǒ gèng xíng　 당신은 되고 전 더 되죠.
- 我一定行　　　wǒ yídìng xíng　 전 반드시 됩니다.
- 行了　　　　　xíng le　　　　　 됐어요.
- 我不行　　　　wǒ bù xíng　　　 전 안 돼요. (난 틀렸어)
- 说不行就不行　 shuō bù xíng jiù bù xíng　 안된다면 안 되는 거예요.
- 别说我不行　　bié shuō wǒ bù xíng　 저는 안된다고 말하지 마세요.
- 还行　　　　　hái xíng　　　　　 그런대로 괜찮아요.
- 工作还行　　　gōngzuò hái xíng　일은 그런대로 괜찮아요.

> **Tip** 行 VS 可以
>
> ❶ 공통점 : 行과 可以는 모두 동의·허락을 표현합니다.
> 　　　　 이때는 好도 끼워줄 수 있으며 行, 可以, 好는 각각 '돼요, 가능해요, 좋아요'의 느낌입니다.
> 　　　　 行, 可以, 好는 吧와 함께 쓰여 좀더 경쾌한 어감을 내기도 합니다.
> 　　　　 行吧, 可以吧, 好吧는 각각 '되죠, 가능하죠, 좋죠'의 느낌입니다.
>
> ❷ 다른점 : 可以는 무엇이 가능한지 동사, 동사구를 받을 수 있고 行은 단독 사용만 가능합니다.
>
> ・可以吃 / 可以吃你的面包吗？　[O]　　　・行吃 / 行吃你的面包吗？　[X]

3. 행, 열, 줄, 라인

・排行	páiháng	줄을 서다
・排行榜	páihángbǎng	순위차트
・外行	wàiháng	문외한 (↔ 内行 nèiháng)
・行业	hángyè	업종
・看来这行业还行	kànlái zhè hángyè háixíng	이 업종은 그런대로 괜찮다.
・第一行	dì yī háng	첫 번째 행 (제1항)
・行距	hángjù	(문서상) 행간, 행 사이의 거리
・银行	yínháng	은행
・我在银行工作	wǒ zài yínháng gōngzuò	저는 은행에서 일해요.

4. 行을 활용한 쉽고 멋진 문장

・马上行动	mǎshàng xíngdòng	바로 행동하라!
・千里之行始于足下	qiānlǐzhīxíng shǐyúzúxià	천 리의 여정도 첫발에서부터 시작.
・人老了, 身体不行了	rén lǎo le, shēntǐ bù xíng le	늙으니 몸이 말을 안 듣는다.
・言行不一	yánxíngbùyī	말 따로 행동 따로. (언행불일치)
・言行一致	yánxíngyízhì	말과 행동이 같다. (언행일치)
・三人行, 必有我师	sān rén xíng, bì yǒu wǒ shī	셋이 길을 가면 그 가운데 반드시 나의 스승이 있다. [논어]

원샷 원킬 아래 문장을 멋지게 번역해보세요.

- 果然是我的朋友, 你真行!

- 爸爸说不行, 就不行! 哭什么哭。

- 最近工作还行。

- 带上青春去旅行。

- 2017年哪些行业比较好?

- 三人行, 必有我师。

 더블 킬

MP3 20-3

모든 문장에 行을 1회 이상 사용해야 합니다. 작문에 도전해보세요.

01 여행

02 여행 좋아해요?

03 요즘 뭐가 유행이야?

04 언제 거행하나요?

05 지금 바로 행동하라!

06 운전할 때 행인을 주의하세요.

07 나는 이런 행위가 싫어.

08 3월에 중국 가자. 돼, 안돼?

09 안된다고 말하지 말아요.

10 중국어도 할 줄 알고, 대단해!

11 일은 그럭저럭 괜찮아요.

12 은행이 어디 있나요?

13 영화 순위 좀 봐봐.

14 너는 전문가, 나는 문외한! 네가 해.

15 늙으니 몸이 말을 안 들어.

작문 끝판왕

다음달에 퇴사할래요, 그래도 되죠?

업종을 바꾸고 싶어요.

먼저 퇴사하고, 그런 다음에 여행 갈래요.

확인사살 연습문제

1. 보기의 단어를 알맞은 곳에 넣어 문장을 완성하세요.

行动   举行   流行   第三行   真行   不行

A : 王老师下星期六就要结婚了, 听说新郎比她小四岁!
   왕선생님이 다음주 토요일에 결혼한대, 듣자하니 신랑이 4살 더 어리대!

B : 真的? 她 ①_____ 啊! 婚礼在哪儿 ②_____ ?
   진짜? 대단한데! 결혼식은 어디서 올리는데?

A : 请柬上的 ③_____ 就写着。
   청첩장에 세 번째 줄에 쓰여 있어.

B : 老师穿的婚纱是最近 ④_____ 的!
   선생님이 입은 드레스 요즘 유행하는 거래!

A : 真羡慕! 我们也快 ⑤_____ 吧!
   와 진짜 부럽다! 우리도 빨리 움직이자!

B : 这辈子我 ⑥_____ 了。。
   이번 생엔 틀렸어...

- 结婚 [jiéhūn] 결혼하다
- 新郎 [xīnláng] 신랑
- 新娘 [xīnniáng] 신부
- 婚礼 [hūnlǐ] 결혼식, 혼례
- 请柬 [qǐngjiǎn] 청첩장
- 婚纱 [hūnshā] 웨딩드레스

2. 다음중 行이 [xíng]의 발음으로 쓰이지 않은 것은?

❶ ① 飞行   ② 行人   ③ 进行   ④ 排行   ⑤ 盛行

❷ ① 千里之行始于足下
   ② 三人行, 必有我师
   ③ 要做言行一致的人
   ④ 别说我不行, 我一定行
   ⑤ 看来这行业前景不太好

UNIT 20 行 : 그거면 되는 거죠

UNIT 21 조금도 안 어려워요. 시작 버튼 클릭!

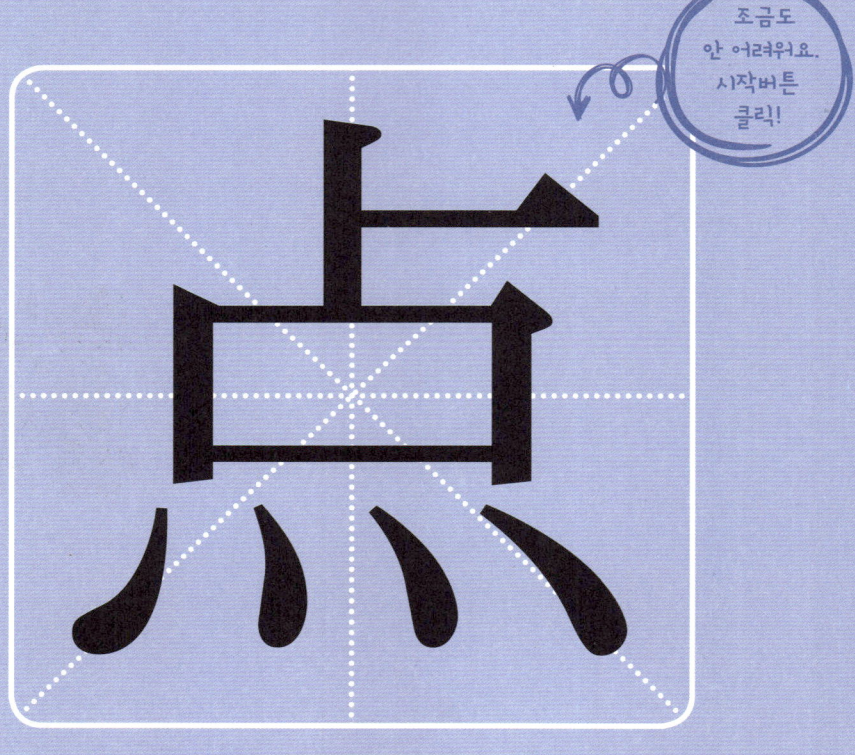

[diǎn]

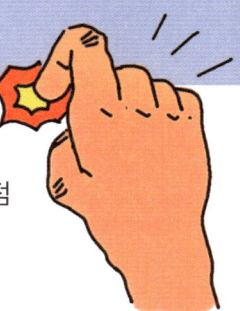

❶ **~ 시** : 1시, 2시, 3시 (시계의 한 점)
❷ **포인트 点 (어떤 점)** : 기점, 종점, 장점, 단점, 공통점, 차이점
❸ **동사 点** : 누르다, 클릭하다
❹ **부사 有点儿과 양사 一点儿** : 조금

 **목표 조준**　　　　　　　　　　　MP3 21-1

1. ~시 (시간)

现在几点	xiànzài jǐ diǎn	지금 몇 시예요?
现在一点	xiànzài yīdiǎn	지금 1시예요.
两点吃午饭	liǎngdiǎn chī wǔfàn	2시에 점심 먹어요.
七点吃晚饭	qīdiǎn chī wǎnfàn	7시에 저녁 먹어요.
十点了	shídiǎn le	10시네요.
六点下班	liùdiǎn xiàbān	6시 퇴근
晚上8点的电影	wǎnshang bādiǎn de diànyǐng	저녁 8시 영화
11点的飞机	shíyīdiǎn de fēijī	11시 비행기

2. 포인트 (이런 점, 저런 점, 어떤 점)

起点	qǐdiǎn	기점		终点	zhōngdiǎn	종점
优点	yōudiǎn	장점		缺点	quēdiǎn	단점
特点	tèdiǎn	특이한 점, 특징		重点	zhòngdiǎn	중점
这一点	zhèyìdiǎn	이점, 이런 점		那一点	nàyìdiǎn	그 점
共同点	gòngtóngdiǎn	공통점		不同点	bùtóngdiǎn	다른 점
原点	yuándiǎn	원점, 기점		地点	dìdiǎn	지점, 소재지
点球点	diǎnqiúdiǎn	패널티킥 자리		难点	nándiǎn	난점, 어려운 점

多看别人的优点	duō kàn biérén de yōudiǎn	타인의 장점을 많이 보세요.
我说的就是这一点	wǒ shuō de jiù shì zhè yì diǎn	제가 말하는 게 바로 이 점이에요.
我想回到原点	wǒ xiǎng huídào yuándiǎn	원점으로 돌아가고 싶어요.
学汉语的重点和难点	xué hànyǔ de zhòngdiǎn hé nándiǎn	중국어 학습의 중점과 난점

- **午饭** wǔfàn 명 점심 식사
- **晚饭** wǎnfàn 명 저녁 식사
- **别人** biérén 명 다른 사람, 타인
- **和** hé 개 ~와, ~과

3. 동사 点 : 누르다, 클릭하다 (꾹꾹, 끄덕끄덕)

- 点击　　diǎnjī　　　(마우스를) 클릭하다
- 点菜　　diǎncài　　 음식을 주문하다.
- 点歌　　diǎngē　　　노래를 신청하다.
- 点名　　diǎnmíng　 출석을 부르다.
- 点赞　　diǎnzàn　　 '좋아요'를 누르다.
- 点头　　diǎntóu　　 고개를 끄덕이다.

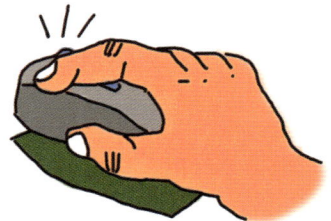

4. 부사 有点儿 vs 양사 一点儿

- 我有点儿忙　　　　　　wǒ yǒudiǎnr máng　　　　　　저는 조금 바빠요. (가벼운 불평)
- 电脑有点儿慢　　　　　diànnǎo yǒudiǎnr màn　　　 컴퓨터가 조금 느려요. (가벼운 불평)
- 你有点儿快　　　　　　nǐ yǒudiǎnr kuài　　　　　　당신은 조금 빨라요. (가벼운 불평)
- 你快一点儿　　　　　　nǐ kuài yìdiǎnr　　　　　　　당신 빨리 좀 해요. (가벼운 명령)
- 请慢一点儿　　　　　　qǐng màn yìdiǎnr　　　　　　천천히 좀 해주세요. (가벼운 명령)
- 多吃一点儿　　　　　　duō chī yìdiǎnr　　　　　　　많이 좀 드세요. (가벼운 명령)
- 杯子里有一点儿水　　　bēizi li yǒu yìdiǎnr shuǐ　　컵 안에 물이 조금 있어요. (양 표현)
- 买一点儿东西　　　　　mǎi yìdiǎnr dōngxi　　　　　물건을 조금 사요. (양 표현)
- 我会说一点儿汉语　　　wǒ huì shuō yìdiǎnr hànyǔ　저는 중국어를 조금 할 줄 알아요. (양 표현)
- 他一点儿也不爱我　　　tā yìdiǎnr yě bú ài wǒ　　　그는 절 조금도 사랑하지 않아요. (양 표현)
- 有大一点儿的吗　　　　yǒu dà yìdiǎnr de ma　　　　조금 큰 것 있습니까? (양 표현)

- 杯子 bēizi 명 잔, 컵　　· 慢 màn 형 느리다　　· 快 kuài 형 빠르다

원샷 원킬 아래 문장을 멋지게 번역해보세요.

· 老板，我们几点下班？我有点儿累。

· 没时间，说重点！

· 老师还没点名，你快点儿来啊。

· 还有十分钟，快点儿点歌！

· 我上班有点儿晚了，能快一点吗？

· 这双鞋有点儿小，有没有大一点的？

UNIT 21 点 : 조금도 안 어려워요, 시작 버튼 클릭!

 **더블 킬**

모든 문장에 点을 1회 이상 사용해야 합니다. 작문에 도전해보세요.

01 두 시

02 나는 6시에 퇴근한다.

03 여기가 우리의 기점이에요.

04 종점이 어디예요?

05 그녀의 특징은 무엇인가요?

06 요점만 말해!

07 당신은 무슨 장점이 있나요?

08 저는 단점이 매우 많아요.

09 우리 원점으로 돌아가자.

10 우리는 공통점이 없어요.

11 주문하시겠어요?

12 저 노래 신청해도 돼요?

13 너는 조금도 날 사랑하지 않아!

14 날씨가 조금 춥네요. 옷 많이 좀 입으세요.

15 책상 위에 물이 조금 있다.

작문 끝판왕

요즘 난 조금 힘들다.

벌써 12시네, 오늘 일찍 좀 자야지.

새로운 시작점을 위하여!

보기의 단어를 알맞은 곳에 넣어 문장을 완성하세요.

一点儿　　共同点　　点　　特点

点菜　　有点儿　　几点　　点击

A：现在 ① _____ ？我们去吃饭吧!
지금 몇 시야? 우리 밥 먹으러 가자!

B：好的~ 我也 ② _____ 饿了。
좋아, 나도 조금 배고파.

(到了饭馆儿)

A：你看看菜单，今天随便 ③ _____
메뉴판 봐봐. 오늘 마음껏 시켜.

B：我要先喝 ④ _____ 水。
나 우선 물 좀 마시고.

A：听说这家饭馆儿的菜都很辣!
듣자하니 이 식당 음식은 다 맵대!

B：对! 这就是这家饭馆儿的 ⑤ _____ 。
맞아! 그게 바로 이 식당의 특징이지.

A：太好了，我们的 ⑥ _____ 不就是喜欢吃辣的嘛!
진짜 잘됐다! 우리 공통점이 바로 매운 음식 먹는 거 좋아하는 거잖아!

B：⑦ _____ 按钮吧~ 我们 ⑧ _____ 吧!
버튼 클릭해봐~ 우리 주문하자!

合胃口 [héwèikǒu]
음식이 입에 맞다, 마음에 들다

• 按钮 ànniǔ 명 버튼, 누름스위치

일어나요! 멋진 그대들

용사여, 일어나요! 엄지 척!

[qǐ]

❶ **일어나다** : 기상하다, 이륙하다
❷ **일으키다** : 집을 일으키다, 사건을 일으키다
❸ **일다** : 바람이 일다, 안개가 일다
❹ **시작하다** : 기점, 초봉, ~부터
❺ **돈 있어서 가능한 得起** : 살 수 있어, 먹을 수 있어, 배울 수 있어.
❻ **돈 없어서 불가능한 不起** : 살 수 없어, 먹을 수 없어, 배울 수 없어.
❼ 起를 활용한 쉽고 멋진 표현

 **목표 조준**　　▶ MP3 22-1

1. 일어나다

- 起床　　qǐchuáng　　기상하다
- 起来　　qǐlai　　일어나다
- 起立　　qǐlì　　기립하다 (구령으로 많이 쓰임)
- 起飞　　qǐfēi　　이륙하다
- 拿起　　náqǐ　　(손으로) 집어들다
- 竖起　　shùqǐ　　(수직으로) 세우다

2. 일으키다

- 起疑　　qǐyí　　의심을 불러 일으키다
- 引起　　yǐnqǐ　　(사건 등을) 일으키다
- 白手起家　　báishǒuqǐjiā　　집을 일으키다 (자수성가해 집을 일으키다)
- 起名　　qǐ míng　　이름을 짓다 (이름을 지어 생을 일으키다)
- 起鸡皮疙瘩　　qǐ jīpígēda　　어떠한 언행으로 소름을 일으키다 (소름 돋다)

3. 일다

- 起毛　　qǐ máo　　보풀이 일다
- 起风　　qǐ fēng　　바람이 일다
- 起雾　　qǐ wù　　안개가 일다
- 起波浪　　qǐ bōlàng　　파도가 일다
- 起泡沫　　qǐ pàomò　　거품이 일다

UNIT 22 起 : 일어나요! 멋진 그대들

4. 시작하다

- 起点　　　　　　qǐdiǎn　　　　　　기점, 시작점
- 起薪　　　　　　qǐxīn　　　　　　　초봉
- 20元起　　　　　èrshíyuánqǐ　　　　20원부터
- 从我起　　　　　cóngwǒqǐ　　　　　나부터
- 从今天起　　　　cóngjīntiānqǐ　　　오늘부터

5. 돈이 있어서 가능한 '동사 + 得起'

- 吃得起　　　　　chīdeqǐ　　　　　　먹을 수 있다
- 买得起　　　　　mǎideqǐ　　　　　　살 수 있다
- 学得起　　　　　xuédeqǐ　　　　　　배울 수 있다

6. 돈이 없어서 불가능한 '동사 + 不起'

- 吃不起　　　　　chībuqǐ　　　　　　먹을 수 없다
- 买不起　　　　　mǎibuqǐ　　　　　　살 수 없다
- 学不起　　　　　xuébuqǐ　　　　　　배울 수 없다

7. 起를 활용한 쉽고 멋진 표현

- 大起大落　　　　　　　　dàqǐdàluò　　　　　　　　　　인생의 풍파를 많이 겪다
　　　　　　　　　　　　　　　　　　　　　　　　　　　　(주식용어로는 '벼락시세')
- 竖起大拇指　　　　　　　shùqǐdàmǔzhǐ　　　　　　　　엄지 척! (엄지 손가락을 추켜 올렸다)
- 搬起石头砸自己的脚　　　bān qǐ shítou zá zìjǐ de jiǎo　제 발등 제가 찍는다

- 落　luò　동 떨어지다　　　・大拇指　dàmǔzhǐ　명 엄지 손가락
- 搬　bān　동 옮기다　　　　・砸　zá　동 내리 치다

 **원샷 원킬**   아래 문장을 멋지게 번역해보세요.

- 真的要上班吗？我不想起床。

- 我们的飞机马上要起飞了，请系好安全带。

- 今天大家都竖起大拇指夸我了。

- 汉堡包套餐29元起。

- 这辈子买不起房子。

- 从今天起！每天早上早点起床！从明天起，开始运动减肥。

더블 킬

> MP3 22-3

모든 문장에 起를 1회 이상 사용해야 합니다. 작문에 도전해보세요.

01 몇 시에 기상해요?

02 우리 비행기는 곧 이륙합니다.

03 넌 어째서 아직도 안 일어났니?

04 선생님 오셨다! 기립!

05 제 이름은 저희 엄마가 지어주신 거예요.

06 그는 어떻게 자수성가했나요?

07 갑자기 바람이 부네요.

08 안개가 일어나기 시작했으니 운전하지 마세요.

09 인생의 기점은 공평한가요?

10 이 회사의 초봉은 얼마인가요?

11 지금부터 행복한 사람이 되자.

12 귀를 세우고 들어 보세요.

13 소고기는 너무 비싸서 먹을 수 없어요.

14 이렇게 비싼 가방, 너 살 수 있니?

15 학비가 안 비싸요. 우리 배울 수 있어요.

작문 끝판왕

초봉이 높지 않네요...

돼지고기도 못 사 먹겠네요.

내일부터 다이어트해야겠어요.

보기의 단어를 알맞은 곳에 넣어 문장을 완성하세요.

买不起   起鸡皮疙瘩   白手起家   起雾   起

起飞   起来   买得起   起名   拿起

---

❶ A : 你快 _____ 看看外边!
   빨리 일어나서 밖에 좀 봐봐!

　B : 外边 _____ 了, 现在能 _____ 吗?
   밖에 안개 꼈는데, 지금 이륙할 수 있을까?

❷ A : 怎么这么冷? 我冷得 _____ 了!
   어째 이리 춥냐? 추워서 소름 돋았어!

　B : 衣服在椅子上, _____ 穿上吧。
   옷 의자 위에 있어, 갖다 입어.

❸ A : 今天我要买名牌提包, 你也 _____ 吧?
   나 오늘 명품 가방 살 거야. 너도 살 수 있지?

　B : 我没有钱, _____ 这么贵的东西。
   나 돈 없어. 그렇게 비싼 거 못 사.

❹ A : 你帮我 _____ 吧, 我没有中文名字。
   나 이름 짓는 거 도와줘. 내가 중국어 이름이 없어.

　B : '马云'怎么样? 他就是 _____ 的人。
   '마윈' 어때? 그가 바로 '자수성가'한 사람이거든.

❺ A : 从今天 _____ 我要戒酒!
   오늘부터 나 술 끊을 거야!

　B : 少说废话, 快拿来起子。
   헛소리 작작하고, 빨리 병따개나 가져와.

起子 [qǐzi] 병따개

지레의 원리로 병뚜껑을 일으켜 병을 따는 병따개.

UNIT 23 계획을 세우고, 날짜를 셈해봐요

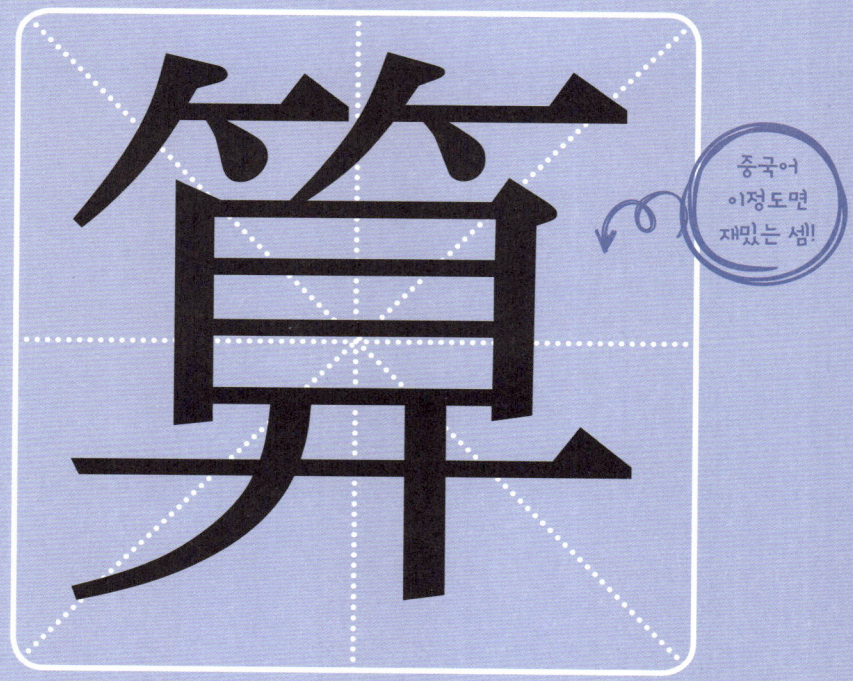

算

[suàn]

중국어 이정도면 재밌는 셈!

❶ **셈하다** : 계산하다, 예산하다, 결산하다
❷ **셈 치다** : 예쁜 셈 쳐주지!
❸ **~ 할 셈이다** : 打算, 暗算 난 중국에 갈 셈이야,
   그를 죽일 셈이야.
❹ **셈셈셈 해서 힘이 세진 算** : 내말이 곧 법이야!
❺ **됐다!** : 됐어, 그만둬, 됐지?

 **목표 조준**

1. 셈하다

- 我正在算算　　　　wǒ zhèngzài suàn suan　　　저 지금 셈해보는 중이에요.
- 你算得对　　　　　nǐ suàn de duì　　　　　　　당신이 셈한 것이 맞아요.
- 你算饭费吧　　　　nǐ suàn fànfèi ba　　　　　　당신이 밥값 계산(셈)하세요.
- 你们自己算吧　　　nǐmen zìjǐ suàn ba　　　　　당신들이 스스로 계산(셈)하세요.
- 他算得又快又准　　tā suàn de yòu kuài yòu zhǔn　그는 빠르고 정확하게 셈해요.

셈하다 算의 단어 활용

计算	jìsuàn	계산하다	计算器	jìsuànqì	계산기
预算	yùsuàn	예산, 예산하다	结算	jiésuàn	결산, 결산하다
口算	kǒusuàn	암산하다	速算	sùsuàn	속셈하다

下半年预算　　xiàbànnián yùsuàn　　하반기 예산
上半年结算　　shàngbànnián jiésuàn　상반기 결산
算命　　　　　suànmìng　　　　　　점을 치다
算命先生　　　suànmìng xiānsheng　　점쟁이

2. 셈 치다 (~인 셈 치다)

- 她不算漂亮吧　　tā bú suàn piàoliang ba　　　그녀는 예쁜 편(셈)은 아니죠?
- 价钱不算便宜　　jiàqián bú suàn piányi　　　　가격이 저렴한 편(셈)은 아니군요.
- 有钱不算坏　　　yǒuqián bú suàn huài　　　　 돈 있으면 나쁜 편(셈)이 아니에요.
- 啤酒不算是酒　　píjiǔ bú suàn shì jiǔ　　　　　맥주는 술로 셈 치지 않죠.
- 这算什么事　　　zhè suàn shénme shì　　　　이게 무슨 일이에요? (뭔 일 인셈?)
- 你算什么　　　　nǐ suàn shénme　　　　　　　당신이 뭔데요? (뭐라도 되는 셈 굴지 마세요)

> - 得　de　 조　~한 게, ~한 정도가　　　・饭费　fànfèi　명　밥값
> - 准　zhǔn　형　정확하다, 틀림없다　　　・价钱　jiàqián　명　값, 가격

3. ~ 할 셈이다

- 打算　　　　　　　　　　dǎsuan　　　　　　　　　　　　图 ~ 하려고 한다, 계획하다　명 계획
- 我打算明天回国　　　　　wǒ dǎsuan míngtiān huíguó　　저는 내일 귀국할 계획이에요.
- 毕业后你有什么打算　　　bìyè hòu nǐ yǒu shénme dǎsuan　졸업 후에 무슨 계획이 있어요?
- 我不打算当老师　　　　　wǒ bù dǎsuan dāng lǎoshī　　저는 선생님 될 계획은 없어요.
- 暗算　　　　　　　　　　ànsuàn　　　　　　　　　　　图 남을 해칠 계획을 꾸미다, 음해하다
- 有人要暗算你　　　　　　yǒurén yào ànsuàn nǐ　　　　누군가 당신을 해치려고 해요.
- 被自己最好的朋友暗算　　bèi zìjǐ zuìhǎo de péngyou ànsuàn　가장 친한 친구에게 음해를 당했어요.

4. 셈셈셈 해서 힘이 세진 算

- 我说了算　　　　　　　　wǒ shuō le suàn　　　　　　　제 말대로 하세요!
- 这件事谁说了算　　　　　zhè jiàn shì shéi shuō le suàn　이 일은 누구 소관이죠?
- 钱说了算　　　　　　　　qián shuō le suàn　　　　　　돈이 (모든 것을) 결정한다.
- 家里的事妈妈说了算　　　jiā lǐ de shì māma shuō le suàn　집안일은 엄마 말대로.
- 说话算话　　　　　　　　shuōhuà suànhuà　　　　　　말한 대로 하다. (말에 책임지다)
- 她这个人说话算话　　　　tā zhè ge rén shuōhuà suànhuà　그녀는 말에 책임을 진다.
- 说话不算数　　　　　　　shuōhuà bú suànshù　　　　　말만 하고 책임지지 않는다.

5. 됐다!

- 算了　　　　　　　　　　suàn le　　　　　　　　　　　됐어, 관둬!
- 那就算了吧　　　　　　　nà jiù suàn le ba　　　　　　그럼 됐어 관둬.
- 不知道就算了　　　　　　bù zhīdào jiù suàn le　　　　모르면 됐어, 관둬.
- 不想说那就算了　　　　　bù xiǎng shuō nà jiù suàn le　말하기 싫으면 됐어, 관둬.

 **원샷 원킬** 아래 문장을 멋지게 번역해보세요.

- 不要用计算器 你自己口算吧。

- 算一下你的名字有多少笔。

- 算一算, 今生你能陪父母几天。

- 这首歌不算很有名的, 可是我很喜欢这首歌。

- 今天你有什么打算?

- 大哥, 算了算了! 你不要冲动!

- **冲动** chōngdòng 명 충동 동 흥분하다, 격해지다

모든 문장에 算를 1회 이상 사용해야 합니다. 작문에 도전해보세요.

01 셈하다

02 계산해봐.

03 우리 점 보러 가자.

04 셈이 빠르고 정확하다.

05 암산한 결과가 맞는지 봐봐.

06 그녀는 예쁜 셈인가?

07 이 핸드폰은 값이 싸다고 쳐야 되나?

08 돈이 있으면 좋은 사람인 셈!

09 저는 내일 돌아갈 계획이에요.

10 너는 무슨 계획이 있니?

11 우린 무슨 관계인 셈이죠?

12 나이가 무슨 상관이에요.

13 마누라 말이 곧 법이죠.

14 됐어, 관둬.

15 싫으면 안 보면 되지!

작문 끝판왕

계산해봐요, 집을 살 수 있을까요?

운명을 점치러 가죠.

됐어요, 예산이 부족하네요.

보기의 단어를 알맞은 곳에 넣어 문장을 완성하세요.

算是　　算什么　　口算　　打算

说话不算数　　算了　　说了算　　算命

❶ A：明年我 _____ 戒酒戒烟！
　　나 내년에 술, 담배 끊는다.

　　B：每次 _____，我不信你！
　　매번 말해놓고 지키지도 못하면서, 난 너 안 믿어.

❷ A：这部电影太可怕了！ 이 영화 너무 무서워!
　　B：有什么可怕的？你 _____ 男人！
　　뭐가 무서워? 넌 남자도 아니야

三天打鱼两天晒网
[sāntiāndǎyú liǎngtiānshàiwǎng]
작심삼일. 결심한 일을 꾸준히 하지 못함을 비유하는 말

❸ A：我想去 _____！你陪我一起去吧！ 나 점 보러 가고 싶어. 같이 가줘.
　　B：我不信！你自己去吧！ 난 안 믿어. 너 혼자 가!

❹ A：你最近工作怎么样？ 요새 일이 어때?
　　B：别提了，老板每件事都自己 _____，真烦！
　　말도 마, 사장님이 모든 일을 혼자 결정해, 정말 짜증나!

❺ A：我朋友给我介绍了一个女孩儿，你看一下这照片，她怎么样？
　　내 친구가 여자 소개해줬는데, 사진 봐봐, 어때?
　　B：好漂亮！她 _____ 个美女啊！ 진짜 예쁘다! 미녀라고 할 수 있겠어!

❻ A：你觉得她怎么样？你去跟打招呼吧。她没有男朋友。
　　네 생각에 저 여자 어떤 것 같아? 가서 인사해봐, 쟤 남자친구 없어.
　　B：_____，她不会喜欢我的！ 됐어. 그녀가 날 좋아할 리 없어!

❼ A：这孩子真聪明，下星期他要参加小学举行的 _____ 比赛！
　　이 아이 정말 똑똑해, 다음주에 초등학교에서 진행되는 암산대회에 참가한대.
　　B：这小孩子真牛！ 아이가 정말 대단하네!

UNIT 23 算 : 계획을 세우고, 날짜를 셈해봐요　147

UNIT 24 기다리고 있을게요

[děng]

1등급을 향해! 중국어는 사랑입니다.

❶ **기다리다** : 등신 같은 기다림
❷ **대등하다, 같다** : 평등, 등호, 부등호
❸ **등급** : 1등급, 열등한, 하등의
❹ **等의 기타 용법** : 기타 등등
❺ 의미 없는 **等** 덩어리

1. 기다리다

- 等　　　　　　　　　děng　　　　　　　　　　기다리다
- 等待　　　　　　　　děngdài　　　　　　　　기다리다, 기다림
- 我等你　　　　　　　wǒ děng nǐ　　　　　　 저는 당신을 기다려요.
- 等一下　　　　　　　děng yíxià　　　　　　　기다리세요.
- 请稍等　　　　　　　qǐngshāoděng　　　　　잠시만 기다려 주십시오.
- 等一分钟　　　　　　děng yìfēnzhōng　　　　1분만 기다리세요.
- 让你久等了　　　　　ràng nǐ jiǔ děng le　　 오래 기다리게 했네요.
- 我在老地方等你　　　wǒ zài lǎo dìfang děng nǐ　늘 만나던 그 곳에서 당신을 기다려요.
- 我等到12点了　　　　wǒ děngdào shí'èrdiǎn le　12시까지 기다렸어요.
- 傻等　　　　　　　　shǎděng　　　　　　　　바보처럼 기다리다.
- 等着瞧　　　　　　　děngzheqiáo　　　　　　두고 보세요.

2. 대등하다, 같다

- 等于　　　　　　　　děngyú　　　　　　　　～와 같다 (=)
- 不等于　　　　　　　bù děngyú　　　　　　　～와 같지 않다 (≠)
- 一加一等于二　　　　yī jiā yī děngyú èr　　　1 더하기 1은 2와 같다.
- 毕业等于失业　　　　bìyè děngyú shīyè　　　졸업은 실업과 같다.
- 有钱不等于幸福　　　yǒuqián bù děngyú xìngfú　돈 있다고 행복한 것은 아니다.
- 等于号　　　　　　　děngyúhào　　　　　　　등호 (=)
- 不等于号　　　　　　bùděngyúhào　　　　　　부등호 (≠)
- 平等　　　　　　　　píngděng　　　　　　　　평등한
- 不平等　　　　　　　bù píngděng　　　　　　불평등한
- 平等不等于公平　　　píngděng bù děngyú gōngpíng　평등 ≠ 공평

- 让 ràng 동 ～하게 하다
- 久 jiǔ 형 오래다, 시간이 길다
- 毕业 bìyè 동 졸업하다
- 失业 shīyè 동 실업하다, 일을 잃다

3. 등급

- 等级　děngjí　등급
- 最高等级　zuìgāoděngjí　최고 등급
- 军衔等级怎么划分　jūnxiánděngjí zěnme huàfēn　군 계급은 어떻게 구분합니까?
- 初等　chūděng　초(등)급
- 中等　zhōngděng　중간(등)급
- 高等　gāoděng　고(등)급
- 头等　tóuděng　최상(등급)의
- 教育体系一般分为初等中等高等　jiàoyù tǐxì yìbān fēnwéi chūděng, zhōngděng, gāoděng
  교육 시스템은 일반적으로 초등, 중등, 고등으로 나뉜다.
- 优等　yōuděng　우등
- 劣等　lièděng　열등, 하등

4. 等의 기타 용법 (기타 등등)

- 等等　děngděng　기타 등등
- 今天我吃了汉堡, 比萨饼等等
  jīntiān wǒ chī le hànbǎo, bǐsàbǐng děngděng　오늘 나는 햄버거, 피자 등등을 먹었다.
- 他会说英语, 韩语, 日语等等很多外语
  tā huì shuō yīngyǔ, hányǔ, rìyǔ děngděng hěn duō wàiyǔ　그는 영어, 한국어, 일본어 등 여러 외국어를 할 줄 안다.

5. 문장의 첫 머리에 오는 의미 없는 等 덩어리 (과감히 배제하고 해석하기)

- 等你发现的时候, 已经晚了　děng nǐ fāxiàn deshíhou, yǐjing wǎn le
  네가 알아차렸을 땐 이미 늦었어.
- 等我有了钱再说吧　děng wǒ yǒu le qián zài shuō ba
  내가 돈이 생겼을 때 다시 얘기하자.
- 等我学会爱情, 他已经走了　děng wǒ xuéhuì àiqíng, tā yǐjing zǒu le
  내가 사랑을 배웠을 때, 그는 이미 떠났다.

- 军衔等级　jūnxiánděngjí　명 군대의 계급
- 划分　huàfēn　동 나누다, 구분하다
- 教育体系　jiàoyù tǐxì　명 교육 시스템
- 分为　fēnwéi　동 ~로 나누어지다
- 外语　wàiyǔ　명 외국어
- 发现　fāxiàn　동 발견하다, 알아차리다

원샷 원킬 아래 문장을 멋지게 번역해보세요.

· 傻瓜，你不要等她！她不会回来的。

· 你小看我了？哼，等着瞧。

· 平等不等于公平。

· 毕业等于失业吗？毕业了，一点也不高兴。

· 出门时，要好好看看风力等级。

· 踢足球，打棒球，打篮球等等。我喜欢的运动真不少！

 **더블 킬**

모든 문장에 等를 1회 이상 사용해야 합니다. 작문에 도전해보세요.

01 기다리다

02 나는 널 기다릴 거야.

03 바보같이 기다리지 마!

04 잠시만 기다려주세요.

05 미안해요, 오래 기다리게 했네요.

06 두고 보자!

07 너 아직 그를 기다리고 있니?

08 어제 밤 10시까지 기다렸어.

09 제가 일등상을 탔어요.

10 졸업은 실업인가요?

11 돈이 있다고 행복한 것은 아니다.

12 1 더하기 1은 귀요미~

13 결혼은 무엇과 같나요?

14 그가 준비되었을 때 그녀는 이미 떠났다.

15 저는 북경, 상해 등등 많은 곳에 가봤어요.

작문 끝판왕

당신은 그녀를 더 기다려야 해요.

많은 이들이 결혼이 곧 행복이라 하네요.

당신이 50세가 되었을 땐, 이미 너무 늦어요.

확인사살 (연습문제)

보기의 단어를 알맞은 곳에 넣어 문장을 완성하세요.

等等   不等于   在等   傻等

等着瞧   等于   不平等   等很久

A : 我 ① _____ 面试的结果。
면접 결과를 기다리고 있어.

B : 还要 ② _____ ！你别 ③ _____ ，我们出去走走，散散心吧。
아직 한참 기다려야 돼. 바보처럼 기다리지 말고 나가서 기분전환 좀 하자.

A : '毕业 ④ _____ 失业' 这句话好像是对的。
'졸업이 곧 실업'이란 말이 맞나봐.

B : 最近很多人都说，大学毕业 ⑤ _____ 幸福。
요즘 사람들이 대학졸업은 행복이 아니라더라!

A : 是啊，就业 ⑥ _____ 现象越来越严重。
맞아, 취업불평등 현상이 점점 더 심해져.

B : 今年我去面试了几家公司，三星，爱茉莉，现代 ⑦ _____ 。
都没有好结果。
올해 몇 군데 회사 면접 봤는데 삼성, 아모레, 현대 등등… 다 결과가 그렇다.

A : 我也一样，那些大公司！你们 ⑧ _____ ！我们一定要成功！
나도 그래, 그놈의 대기업들 두고 보라지! 우리 꼭 성공한다!

待业青年 [dàiyèqīngnián]
미취업 청년, 취업준비생을 일컫는 말

매년 1,000만명의 대졸 인력이 새롭게 나오는 중국도 구직경쟁과 청년실업문제가 심각합니다.

UNIT 25 이 길을 모두 지날 때까지

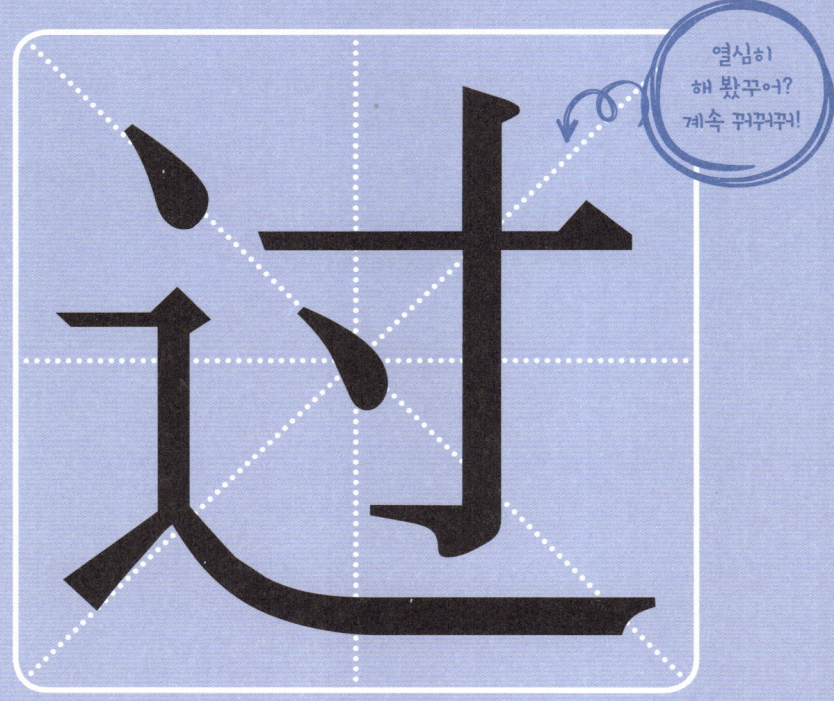

[guò] / [guo]

❶ **지내다, 보내다** : 시간을 건너다
❷ **지나가다, 건너다** : 너희 집을 지나가다, 길을 건너다
❸ **넘다, 초과하다** : 기준을 건너(뛰)다,
　　　　　　　　　　기준 및 기한 등을 지나치다
❹ **동태조사 〈동사 + 过〉 guo** (해 봤guo, 가 봤guo, 말해 봤guo…)
❺ **过**가 들어간 흥미로운 표현

 **목표 조준**   ▶ MP3 25-1

1. (시간을) 지내다, 보내다

过生日	guò shēngrì	생일을 보내다.
过春节	guò chūnjié	설날을 보내다.
回家过年	huíjiā guònián	고향에 가서 새해를 맞다.
你过得好吗	nǐ guò de hǎo ma	당신 잘 지냈나요?
希望你过得好	xīwàng nǐ guò de hǎo	당신이 잘 지내길 바라요.
时间过得真快	shíjiān guò de zhēn kuài	시간이 정말 빠르네요.
韩国人怎么过春节	hánguórén zěnme guò chūnjié	한국인은 설을 어떻게 보내요?
过几天就是6月啊	guò jǐtiān jiù shì liùyuè a	며칠 지나면 곧 6월이네요.
过去	guòqù	과거, 옛일
别问过去	bié wèn guòqù	과거를 묻지 마세요.
这都是过去的事了	zhè dōu shì guòqù de shì le	모두 지난 일입니다.

2. (장소를) 지나가다, 건너다

过来	guòlai	이쪽으로 (건너)오다.
过去	guòqu	저쪽으로 (건너)가다.
你过来一下	nǐ guòlai yíxià	당신 이쪽으로 좀 와 보세요. (나 좀 보자)
让我过去	ràng wǒ guòqu	(저쪽으로) 좀 지나갈게요.
过马路	guò mǎlù	길을 건너다.
路过	lùguò	지나다. 경유하다
过马路时要小心	guò mǎlù shí yào xiǎoxīn	길을 건널 때 조심해야 해요.
路过天安门	lùguò tiān'ānmén	천안문을 지나가다. (경유하다)
亲爱的, 别过那条河	qīn'ài de bié guò nà tiáo hé	님아, 그 강을 건너지 마오.

- **希望** xīwàng 동 희망하다, 바라다
- **马路** mǎlù 명 큰길, 자동차 도로
- **条** tiáo 양 가늘고 긴 것을 세는 단위
- **河** hé 명 강, 하천

3. 넘다, 초과하다, 지나치다

- 这张卡过期了 　　　　zhè zhāng kǎ guòqī le 　　　　이 카드는 유효기간이 지났어요. (기한 경과)
- 这样的衣服已过时了　 zhèyàng de yīfu yǐ guòshí le 　이런 옷은 유행 지났어. (기한 경과)
- 他已经过气了 　　　　tā yǐjīng guòqì le 　　　　　그는 이미 한물갔어요. (시기 경과)
- 你过奖了 　　　　　　nǐ guòjiǎng le 　　　　　　과찬이십니다. (과장된 칭찬)
- 我有芒果过敏 　　　　wǒ yǒu mángguǒ guòmǐn 　　저는 망고 알레르기가 있어요. (과민반응)
- 太过分了 　　　　　　tài guòfēn le 　　　　　　너무하군요! (과분한 처사)
- 超过50公斤 　　　　　chāoguò wǔshí gōngjīn 　　　50kg을 초과했어요. (기준 초과)
- 别错过机会 　　　　　bié cuòguò jīhuì 　　　　　기회를 놓치지 마세요. (시기 경과)

4. 동태조사 (동사 + 过 [guo]) 경험 표현 (~해 본적이 있guo)

- 去过 　　　　　　　　qùguo 　　　　　　간 적 있어.
- 看过 　　　　　　　　kànguo 　　　　　본 적 있어.
- 喝过 　　　　　　　　hēguo 　　　　　마셔봤어.
- 吃过 　　　　　　　　chīguo 　　　　　먹어봤어.
- 吃过一次 　　　　　　chīguo yícì 　　　한 번 먹어봤어.
- 没吃过 　　　　　　　méi chīguo 　　　안 먹어봤어.
- 还没吃过 　　　　　　hái méi chīguo 　　아직 안 먹어봤어.
- 一次也没吃过 　　　　yícìyě méi chīguo 　한 번도 안 먹어봤어.

5. 过가 들어간 흥미로운 표현

- 难过 　　　nánguò 　　　괴롭다, 슬프다　　　　· 过瘾 　guòyǐn 　짜릿하다, 끝내주다
- 过好每一天 　guò hǎo měi yìtiān 　날마다 행복하세요.
- 改过自新 　　gǎiguòzìxīn 　　　**성** 개과천선하다

- **公斤** gōngjīn **단위** kg, 킬로그램　　· **机会** jīhuì **명** 기회, 찬스

 **원샷 원킬** 아래 문장을 멋지게 번역해보세요.

- 中国人过生日时一般吃长寿面。

- 过马路时左看看右看看，走行人斑马线。

- 我去过不少地方，可还没去过上海。

- 不要难过，我们不会离开你。

- 迟到了十分钟，就让我出去。老师你太过分了吧。

- 我用化妆品过敏了怎么办？要吃药吗？

 더블 킬

▶ MP3 25-3

모든 문장에 过를 1회 이상 사용해야 합니다. 작문에 도전해보세요.

01 주말을 보내다.

02 친구와 생일을 보내다.

03 잘 지냈어요?

04 시간이 정말 빠르네요.

05 3일만 지나면 주말이에요.

06 이쪽으로 (건너)와.

07 너희 집을 지나간다.

08 큰 길 건너면 바로 우리집이야.

09 기한을 넘기지 마세요.

10 정말 너무하네요!

11 과찬이십니다.

12 유행이 지나갔다.

13 난 일본 가봤어.

14 난 일본에 안 가봤어.

15 난 일본에 세 번 가봤어.

16 말로는 너를 당해낼 수 없다.

작문 끝판왕

중국어 배워봤어요?

아직 안 배워보셨다구요?

이번 기회를 놓치지 마세요!

확인사살

세기의 라이벌 通过 VS 经过
〈通过 [tōngguò]냐 经过 [jīngguò]냐, 그것이 문제로다〉

- 通过 tōngguò
  ❶ 방법/ 수단 표현이 중요 : ~을 통해 예 그녀를 통해 중국어를 배웠어.
  ❷ 일반적으로 어떤 매개로 결과에 도달했는지를 나타냅니다.
  ❸ 정말 '통과했다, 합격했다'의 의미로도 활용합니다.

- 经过 jīngguò
  ❶ 일의 과정 표현이 중요 : ~을 거쳐 예 3년 동안의 노력을 거쳐 중국어를 배웠어.
  ❷ 일반적으로 〈동사〉를 이루어 내기까지 걸린 시간, 거친 장소, 겪은 일을 나타냅니다.
  ❸ 명사로도 활용 : 과정, 자초지종의 의미

- 通过와 经过가 모두 가능한 문장이 있으나 강조하는 바가 다릅니다.
  ❶ 通过治疗, 恢复健康   치료라는 매개를 통해 건강을 회복함
  ❷ 经过治疗, 恢复健康   치료라는 과정을 겪으며 건강을 회복함

通过 또는 经过를 사용하여 빈칸을 채워보세요.

❶ _____ 社交网站找到了现在的女朋友。
❷ _____ 三年的努力，他考上了理想的大学。
❸ 我们 _____ 失败才能成长。
❹ 我喜欢 _____ PEI的直播学的汉语。
❺ _____ 几百次的试验，不过我们还没找到答案。
❻ 告诉我你准备考试的 _____
❼ 你 _____ 这次考试了吗?
❽ _____ 3年的治疗, 恢复健康

社交网站 [shèjiāowǎngzhàn]
SNS (사람들 사이의 관계망을 구축해주는 온라인 서비스)

중국에서는 웨이보(微博), QQ공간(QQ空间), 런런왕(人人网)등이 인기이며 페이스북, 유튜브는 중국에서의 접속이 차단되어 있습니다.

UNIT 26 배우고 또 배우고

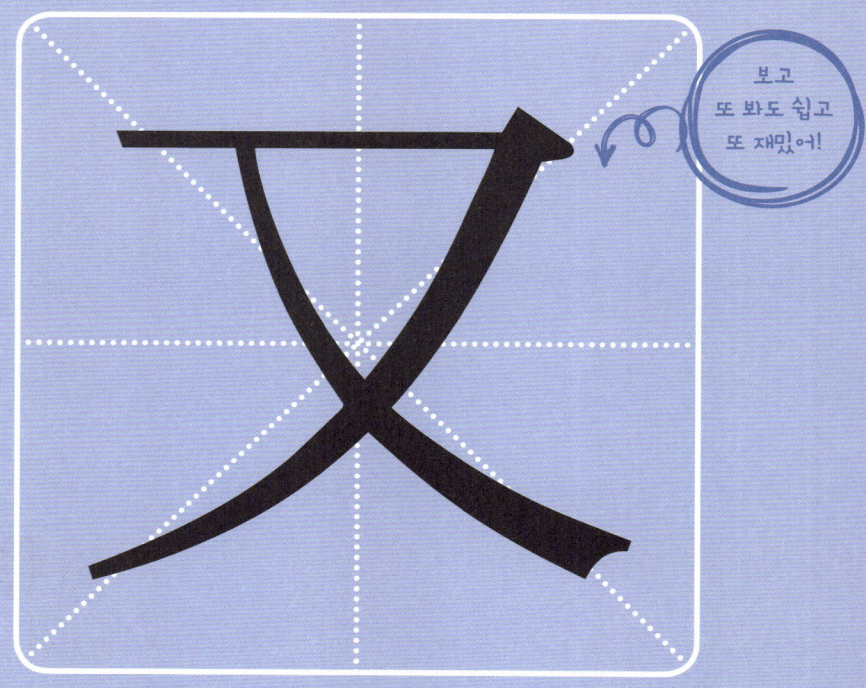

보고 또 봐도 쉽고 또 재밌어!

[yòu]

❶ **또또또 ~ (了)** : 또 왔어, 또 마셨어.
❷ **하고 또 하고** : 먹고 또 먹고, 보고 또 보고.
❸ **아 또! 왜 또!** : 좋다더니 또 싫대!
❹ 그럼 **또** 뭐 어때서!
❺ **~ 도 아닌데 (강조)** : 내가 본 것도 아닌데 어떻게 알아!
❻ **~ 하고 또 ~ 하다** : 예쁘고 또 똑똑해, 쉽고 또 재미어.

 **목표 조준**   ▶ MP3 26-1

1. 또또또! (이미 발생한 일은 了와 함께, 지긋지긋 반복되는 일은 모두 표현 가능)

- 又喝了   yòu hē le   또 마셨어요.
- 昨天晚上又吃了   zuótiān wǎnshang yòu chī le   어제 밤에 또 먹었어요.
- 又来了   yòu lái le   또 왔어요. (얘 또 시작이네요)
- 现在又下雨   xiànzài yòu xiàyǔ   지금 또 비가 와요.
- 他又看我   tā yòu kàn wǒ   그가 또 날 봐요.
- 又要加班   yòu yào jiābān   또 야근해야 돼요.

2. 하고 또 하고 (동사+了, 又+동사)

- 看了又看   kàn le yòu kàn   보고 또 보고
- 买了又买   mǎi le yòu mǎi   사고 또 사고
- 听了又听   tīng le yòu tīng   듣고 또 듣고
- 说了又说   shuō le yòu shuō   말하고 또 말하고
- 睡了又睡   shuì le yòu shuì   자고 또 자고

3. 아 또! (느낌으로 이해하기)

- 昨天说喜欢, 今天又说不喜欢   zuótiān shuō xǐhuan, jīntiān yòu shuō bù xǐhuan
  어제는 좋아한다더니, 오늘은 또 싫대요.
- 早上很漂亮, 晚上又很性感   zǎoshang hěn piàoliang, wǎnshang yòu hěn xìnggǎn
  아침에는 예쁘더니, 밤에는 또 섹시하네요.
- 我认识他, 又想不起来他的名字   wǒ rènshi tā, yòu xiǎngbuqǐlái tā de míngzi
  그를 아는데, 이름은 또 생각이 안 나네요.

- 性感 xìnggǎn 형 섹시한 　・想不起来 xiǎngbuqǐlái 통 생각이 나지 않다

4. 그럼 또 어때서!? (so what!?)

- 那又怎么样　　　　　　　　nà yòu zěnmeyàng　　　　　　　　　　그럼 또 뭐 어때서요?
- 长得不好看，那又怎么样　　zhǎng de bù hǎokàn, nà yòu zěnmeyàng　못생기면 또 어때요!

5. ~도 아닌데, ~도 없는데 (강조)

- 我又不是老师，我怎么知道　　　　wǒ yòu búshì lǎoshī, wǒ zěnme zhīdào
　　　　　　　　　　　　　　　　　제가 선생님도 아닌데, 어떻게 알아요?

- 又不是我做的　　　　　　　　　　yòu búshì wǒ zuò de
　　　　　　　　　　　　　　　　　제가 한 것도 아닌데요.

- 吃了这个菜，又不会死的，你怕什么　chī le zhè ge cài, yòu búhuì sǐ de, nǐ pà shénme
　　　　　　　　　　　　　　　　　이거 먹는다고 죽는 것도 아닌데, 뭐가 겁나요?

- 我又没说过，你怎么知道　　　　　wǒ yòu méi shuōguo, nǐ zěnme zhīdào
　　　　　　　　　　　　　　　　　제가 말한 적도 없는데, 당신은 어떻게 알아요?

6. 又A 又B (A 하기도 하고 B 하기도 하다)

- 又累又困　　　　　　　　yòu lèi yòu kùn　　　　　　　　　　피곤하고 (또) 졸려요.
- 又漂亮又聪明　　　　　　yòu piàoliang yòu cōngming　　　　　예쁘고 (또) 똑똑해요.
- 又可爱又性感　　　　　　yòu kě'ài yòu xìnggǎn　　　　　　　귀엽고 (또) 섹시해요.
- 又高又帅　　　　　　　　yòu gāo yòu shuài　　　　　　　　　키 크고 (또) 잘생겼어요.
- 又会说汉语，又会说英语　yòu huì shuō hànyǔ, yòu huì shuō yīngyǔ
　　　　　　　　　　　　　중국어도 할 줄 알고 (또) 영어도 할 줄 알아요.

원샷 원킬
아래 문장을 멋지게 번역해보세요.

- 又要加班。。大老板, 让我回家!

- 周一到周五天天喝酒, 喝了又喝。

- 怕你知道 又怕你不知道。

- 又胖了一公斤, 又要减肥呢。。

- 又累又困! 可是明天又要上班。

- 白天可爱, 晚上又性感的老婆。

더블 킬 (작문) ▶ MP3 26-3

모든 문장에 又를 1회 이상 사용해야 합니다. 작문에 도전해보세요.

01 오늘 또 왔어.

02 어제 밤에 또 먹었어.

03 너 또 옷 샀어?

04 또 커피 마시네.

05 또 많이 먹었어.

06 매일 보고 또 보고.

07 묻고 또 묻고.

08 날 좋아한다면서 보러 오진 않네.

09 아침엔 예쁘더니 저녁엔 또 섹시해.

10 그럼 또 어때서!

11 난 너의 누구도 아니잖아.

12 내 것도 아닌데 왜 사야돼?

13 우리 회사는 크고 좋아.

14 월요일은 바쁘고 또 힘들어.

작문 끝판왕

돈도 많고, 잘생기고, 키도 큰데

여자친구 없으면 또 뭐 어때서요?

생각하고 또 생각해봐도

연애는 피곤하고 귀찮아요.

확인사살

1. 다음 문장에서 又가 들어갈 위치를 고르세요. (중복 선택 가능)

❶ 我 ① 喜欢 ② 帅 ③ 高 ④ 的 ⑤ 男人。

❷ 别 ① 这么 ② 生气, ③ 我 ④ 不是 ⑤ 故意的。

❸ ① 你 ② 怎么 ③ 不 ④ 高兴 ⑤ 了?

❹ 这里 ① 不是 ② 我家 ③ 为什么 ④ 我要 ⑤ 打扫?

❺ 为什么 ① 你 ② 要 ③ 减肥? ④ 你 ⑤ 不胖!

세기의 라이벌 又 VS 再 ❶

일반적으로 이미 발생한 일에는 又 아직 발생하지 않은 일에는 再를 쓴다고 배워왔죠. 그러나, 아직 발생하지 않은 일이라도 지긋지긋하게 반복되는 일상이거나 이미 결정된 상황에는 '又(또)'가 어울립니다. 이 경우 문장 끝에 了를 붙이기도 합니다.

· 明天又是星期一了, 又要上班了! 지긋지긋 반복의 又
  [míngtiān yòu shì xīngqīyī le yòu yào shàngbān le] 또 월요일이네. 또 출근해야 돼.

2. 又 또는 再를 사용하여 빈칸을 채워보세요.

❶ 这本书我以前看过, 昨天 _____ 看了一遍。

❷ 这本书我以前看过, 明天我要 _____ 看一遍。

❸ 不好意思, 请 _____ 说一遍。

❹ 我昨天 _____ 说了, 你怎么不听?

❺ 最近公司很忙, 看来今天 _____ 要加班。

UNIT 27 아무리 힘들어도 다시 해봐요

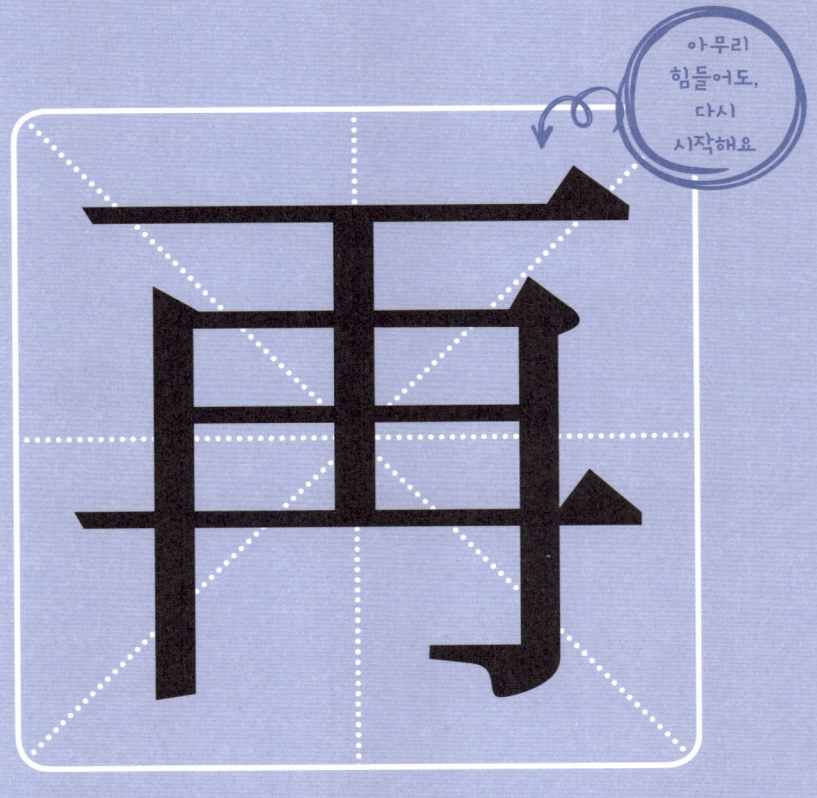

아무리 힘들어도, 다시 시작해요

[zài]

❶ **다시** : 다시 만나, 다시 말해봐! 다시 하자.
❷ **다시 ~ 더** : (지금 한 데에서) 다시 더
❸ **다시는 (再也)** : 다시는 보지 말자, 다시는 안 그럴게.
❹ 아무리 ~라도 **다시 더**
❺ **그런 다음 다시** : 잘 생각하고 다시 말해.

 목표 조준

1. 다시

- 再见　　　　　　　　zàijiàn　　　　　　　　　　　　다시 만나다. 다시 만나요.
- 下次再见　　　　　　xiàcì zàijiàn　　　　　　　　　 다음에 다시 만나요.
- 再说　　　　　　　　zài shuō　　　　　　　　　　　 다시 말하다.
- 请再说一遍　　　　　qǐng zài shuō yíbiàn　　　　　　한 번만 다시 말해주세요.
- 再见到你很高兴　　　zài jiàndào nǐ hěn gāoxìng　　　다시 봐서 반가워요.
- 你再想想　　　　　　nǐ zài xiǎngxiang　　　　　　　다시 생각해봐요.
- 再次　　　　　　　　zàicì　　　　　　　　　　　　　다시 한 번, 재차
- 再次感谢您的大力支持　zàicì gǎnxiè nín de dàlì zhīchí　다시 한 번 큰 힘이 되어주심에 감사드려요.

2. 다시 ~ 더, (지금 한 데에서) 다시 더

- 再来一瓶　　　　　　zài lái yìpíng　　　　　　　　　한 병 더 (주세요)
- 再来一个　　　　　　zài lái yíge　　　　　　　　　　한 개 더 (주세요)
- 再来一碗　　　　　　zài lái yìwǎn　　　　　　　　　한 그릇 더 (주세요)
- 再喝一杯吧　　　　　zài hē yìbēi ba　　　　　　　　한 잔 더 마셔요.
- 再买一本吧　　　　　zài mǎi yìběn ba　　　　　　　한 권 더 사요.
- 再努力一点点　　　　zài nǔlì yìdiǎndiǎn　　　　　　 조금만 더 노력해봐요.
- 你再说一句　　　　　nǐ zài shuō yíjù　　　　　　　　한마디 더 해봐요.
- 再耽误两分钟吧　　　zài dānwu liǎngfēnzhōng ba　　 2분만 더 방해할게요.

- 遍　biàn　영 번, 회
- 感谢　gǎnxiè　동 감사하다
- 大力　dàlì　부 힘껏, 강력하게
- 句　jù　명 문장, 구절, 마디
- 见到　jiàndào　동 만나다, 보이다
- 努力　nǔlì　동 노력하다
- 支持　zhīchí　동 지지하다
- 耽误　dānwu　동 시간을 허비하다

UNIT 27 再 : 아무리 힘들어도 다시 해봐요　　167

▶ MP3 27-2

3. 다시는 (再也 + 부정부사 不, 没)

• <u>再</u>也不看	zàiyě bú kàn	다시는 안 봐요.
• <u>再</u>也不见	zàiyě bú jiàn	다시는 안 만나요.
• 以后<u>再</u>也不买	yǐhòu zàiyě bù mǎi	앞으로 다시는 안 살 거예요.
• 我<u>再</u>也不相信爱情	wǒ zàiyě bù xiāngxìn àiqíng	전 다시는 사랑을 믿지 않아요.
• 我<u>再</u>也不敢	wǒ zàiyě bù gǎn	다시는 안 그럴게요.
• <u>再</u>也不想来	zàiyě bù xiǎng lái	다시는 오고 싶지 않아요.
• <u>再</u>也没有这样的人	zàiyě méiyǒu zhèyàng de rén	다시는 이런 사람 없어요.
• <u>再</u>也没有这么好的机会	zàiyě méiyǒu zhème hǎo de jīhuì	다시는 이렇게 좋은 기회 없어요.

4. 아무리 ~라도 다시 더 (再 서술어 也 ~)

• <u>再</u>多也要做完	zài duō yě yào zuòwán	아무리 많아도 다 해야 돼요.
• <u>再</u>累也要坚持	zài lèi yě yào jiānchí	아무리 힘들어도 계속 할거예요.
• <u>再</u>说也没用	zài shuō yě méiyòng	아무리 말해도 소용없어요.
• <u>再</u>痛也要爱你	zài tòng yě yào ài nǐ	아무리 아파도 당신을 사랑해요.

5. 그런 다음 다시

• 想好<u>再</u>说	xiǎng hǎo zài shuō	잘 생각해보고 (다시) 말씀하세요.
• 以后有钱<u>再</u>说吧	yǐhòu yǒuqián zài shuō ba	나중에 돈 생기면 (다시) 말씀하세요.
• 吃完<u>再</u>喝咖啡吧	chīwán zài hē kāfēi ba	다 먹고 (나서 다시) 커피 마셔요.
• 看完<u>再</u>买也不迟	kànwán zài mǎi yě bù chí	본 다음 (다시) 사도 늦지 않아요.

- **爱情** àiqíng 몡 애정, 사랑
- **没用** méiyòng 혱 소용없는
- **不敢** bùgǎn 동 감히 ~못하다
- **坚持** jiānchí 동 견지하다
- **机会** jīhuì 몡 기회, 찬스
- **迟** chí 형 늦다, 더디다

원샷 원킬 아래 문장을 멋지게 번역해보세요.

· 什么？请再说一遍。

· 给你我的面包，你再吃一个吧！

· ❶ 这本书真没意思，不想再看一遍。
  ❷ 这本书真没意思，再也不想看！

· 这杯咖啡真好喝，我要再喝一杯。

· 这么好的车，有钱再说吧。

· 再累也要坚持！大家一起加油吧！

 **더블 킬**  MP3 27-3

모든 문장에 **再**를 1회 이상 사용해야 합니다. 작문에 도전해보세요.

01 다시 한 번 말해봐!

02 다음에 다시 만나자.

03 사장님, 한 병 더요~

04 재차 감사드려요.

05 다시 뵙게 되어 너무 기뻐요.

06 다시는 널 만나지 않을 거야.

07 다시는 안 그럴게요.

08 이런 사람 다시는 없을 거예요.

09 아무리 말해도 소용없어.

10 한 잔 더 마시자.

11 한 시간만 더 기다려 주세요.

12 잘 생각하고 다시 말해.

13 중국어 잘 배우고 (나서 다시) 중국 가자.

14 좀 더 노력해봐.

작문 끝판왕

다시 생각해봐.

이런 기회 다시는 없을 거야.

아무리 힘들고 아무리 어려워도 계속해야지.

확인사살

1. 다음 문장에서 再가 들어갈 위치를 고르세요.

❶ ① 服务员！② 来 ③ 一瓶 ④ 青岛 ⑤ 啤酒。
❷ ① 够了 ② 我 ③ 也 ④ 不想 ⑤ 吃了。
❸ ① 也 ② 没有 ③ 这么 ④ 好的 ⑤ 机会。
❹ ① 听不 ② 见， ③ 声音 ④ 大 ⑤ 一点儿吧。
❺ 这件衣服 ① 已经 ② 很便宜的 ③ 不能 ④ 便宜 ⑤ 了。

세기의 라이벌 又 VS 再 ❷

又, 再와 想, 要의 어순

A : 我想再吃一个　나는 하나 더 먹고 싶어.　`想 뒤에 再 / 샹짜이`
B : 你又想吃一个吗？　너 또 하나 먹고 싶다고?
　　`想 앞에 又 / 요샹`　◀ 샹차이는 맛이 요상해

A : 我要再看一遍　나는 다시 한 번 볼거야.　`要뒤에 再 / 야오짜이`
B : 我又要看一遍！　난 또 한 번 볼거야.　`要 앞에 又 / 요야오`　◀ 야오짜이 예뻐요, 야호~

- 단, 再也 패턴은 예외입니다. 再也를 '다시는'으로 외워버리세요

· 再也不想吃　다시는 먹고싶지 않아.

2. 又 또는 再를 사용하여 빈칸을 채워보세요.

❶ 你想 _____ 买一个吗? 我再也不想买!
❷ 你怎么 _____ 要喝一杯? 不要 _____ 喝了!
❸ 我想 _____ 做一次，请您 _____ 给我机会。
❹ 你 _____ 要说什么? 够了! 不要 _____ 说了!

UNIT 28 아직 늦지 않았어요

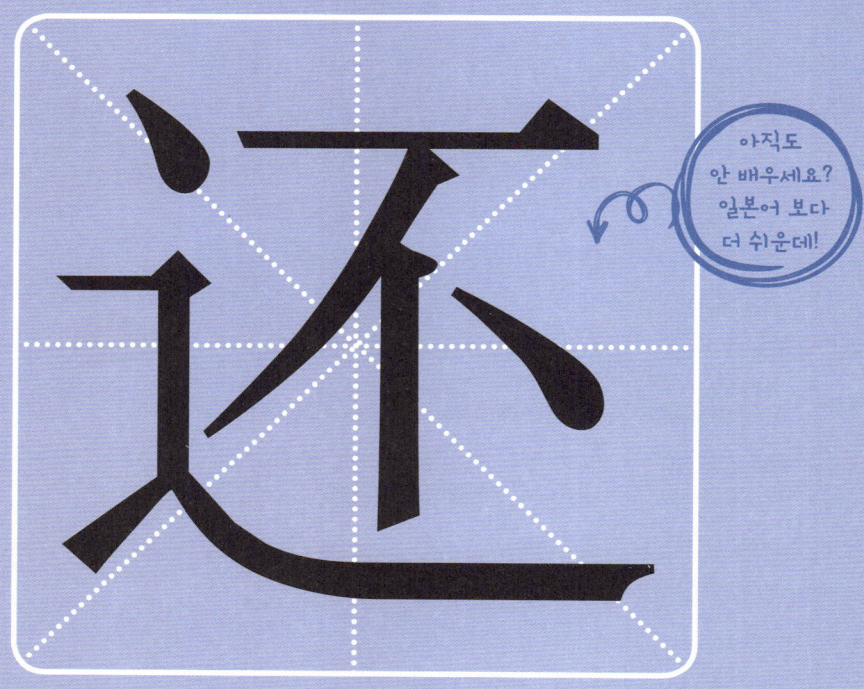

[hái] / [huán]

아직도 안 배우세요? 일본어 보다 더 쉬운데!

❶ **아직**, 여전히 : 아직 널 사랑해, 아직 널 기다려.
❷ **아직 더**, 게다가 ~까지 : 아직 더 먹을래, 아직 더 사고 싶어.
❸ **비교문 比 짝꿍** : ~보다 더
❹ **还**를 활용한 관용 표현 (**아직** 살만하다)
❺ **还 [huán]** : 돌려주다, 목적어 두 개 받는 쌍빈동사

 **목표 조준**   ▶ MP3 28-1

1. 아직 (시간적으로 아직)

- 你还爱我吗　　　　nǐ hái ài wǒ ma　　　　당신은 아직 절 사랑하세요?
- 我还想你　　　　　wǒ hái xiǎng nǐ　　　　전 아직 당신이 그리워요.
- 怎么还不走　　　　zěnme hái bù zǒu　　　왜 아직 안 가죠?
- 我还在这儿　　　　wǒ hái zài zhèr　　　　전 아직 여기에 있어요.
- 我还在公司　　　　wǒ hái zài gōngsī　　　전 아직 회사예요.
- 她还没结婚　　　　tā hái méi jiéhūn　　　　그녀는 아직 미혼이에요.

2. 아직 더, 게다가 ~까지

- 我还要买　　　　　wǒ hái yào mǎi　　　　전 아직 더 살 거예요.
- 我还想吃　　　　　wǒ hái xiǎng chī　　　　전 아직 더 먹고 싶어요.
- 还想买　　　　　　hái xiǎng mǎi　　　　　아직 더 사고 싶어요.
- 还有什么　　　　　hái yǒu shénme　　　　뭐가 더 있는데요?
- 她还会唱歌　　　　tā hái huì chànggē　　　그녀는 노래도 잘해요.
　　　　　　　　　　　　　　　　　　　　　　(다른 것도 잘함)
- 他会说英语, 还会说汉语　tā huì shuō yīngyǔ, hái huì shuō hànyǔ
　그는 영어에 중국어도 할 줄 알아요.

> **Tip** 한 병 더 **再** VS 아직 더 **还**
> - 我们再喝一杯啤酒吧　우리 맥주 한 잔을 더 마시자.　`수량 한 잔 표현`
> - 我们还喝啤酒吧　우리 맥주를 더 마시자.　`주종만 표현`
>
> – 再는 한 병 더, 한 권 더, 한 잔 더와 같이 수량을 표시하는 반면, 还는 동사 앞에서 해당 동작을 (아직) 변함 없이 중복하는 것을 표현합니다.
>
> - 我想再吃一个　난 하나 더 먹고 싶어.　`再는 想 뒤에 위치`
> - 我还想吃　아직 더 먹고 싶어.　`还는 想 앞에 위치`
>
> – 再는 想, 要 뒤에 위치 (샹짜이, 야오짜이), 还는 想, 要 앞에 위치 (하이샹, 하이야오)

3. 비교문 比 짝꿍 (~보다 더)

- 我男朋友比他还帅   wǒ nánpéngyou bǐ tā hái shuài   제 남자친구가 그보다 더 멋있어요.
- 我比她还可爱   wǒ bǐ tā hái kě'ài   제가 그녀보다 더 귀여워요.
- 今天比昨天还冷   jīntiān bǐ zuótiān hái lěng   오늘은 어제보다 더 추워요.
- 今年比去年还忙   jīnnián bǐ qùnián hái máng   올해는 작년보다 더 바빠요.

4. 还를 활용한 관용 표현

- 还可以, 还行, 还好   hái kěyǐ, hái xíng, hái hǎo   그럭저럭 괜찮아요.
- 收入还可以   shōurù hái kěyǐ   수입이 그런대로 괜찮아요.
- 还可以吧   hái kěyǐ ba   그런대로 괜찮죠?
- 我觉得还行   wǒ juéde háixíng   저는 괜찮은 것 같아요.

외워두면 센스만점 还 활용 표현 TOP 3

你还好吗   nǐ hái hǎo ma   잘 지내시죠? (안부 묻기 참 좋은 표현)
还差得远呢   hái chà de yuǎn ne   아직 멀었죠. (센스 만점 겸손함의 표현)
还好有你   hái hǎo yǒu nǐ   당신이 있어 다행이에요. (친구, 연인에게♥)

5. 还 [huán] 목적어 두 개 받는 쌍빈동사

- 还钱   huán qián   돈 갚으세요!
- 还我一百万   huán wǒ yībǎiwàn   제 백만 원 돌려줘요.
- 还我血汗钱   huán wǒ xuèhànqián   피 땀 흘려 번 돈 돌려줘요.
- 我要去图书馆还书   wǒ yào qù túshūguǎn huán shū   도서관에 책 반납하러 가야 돼요.

 **원샷 원킬** 아래 문장을 멋지게 번역해보세요.

· 都十点了, 可是他还在公司工作。

· 每天都吃很多东西还很饿。

· 买了这么多, 我还想买。

· 我弟弟比我还高。

· 这次得了90分, 还可以吧?

· 还好有你陪着我。

 **더블 킬**  MP3 28-3

모든 문장에 还를 1회 이상 사용해야 합니다. 작문에 도전해보세요.

01 당신을 여전히 사랑해요.

02 우리는 왜 아직 성공하지 못했나.

03 난 아직 남자친구가 없어.

04 너 아직도 일본어 배워?

05 나는 너보다 더 예뻐.

06 중국어는 영어보다 더 재미있어.

07 이 옷 그럭저럭 괜찮아.

08 넌 여전히 잘 지내니?

09 네가 있어서 다행이야.

10 아직 쉬면 안돼요.

11 또 사고 싶어?

12 나는 영어도 할 줄 알아.

13 돈 갚아!

14 돌려주지 않아도 돼.

작문 끝판왕

저의 중국어는 아직 멀었어요.

저는 아직 더 공부하려고 해요.

일본어보다 더 재미있어요.

당신은 어째서 아직 시작하지 않았나요?

확인사살

1. 다음 문장에서 还가 들어갈 위치를 고르세요.

❶ ① 今天的 ② 雨 ③ 比 ④ 昨天 ⑤ 大。
❷ 那 ① 些 ② 东西 ③ 以外 ④ 要 ⑤ 什么?
❸ 我 ① 没有 ② 又帅 ③ 又高 ④ 的 ⑤ 男朋友。
❹ 哪儿 ① 啊, ② 差 ③ 得 ④ 远呢 ⑤ 。
❺ 我 ① 明天 ② 你 ③ 钱, ④ 相信 ⑤ 我。

2. 再 또는 还를 사용하여 빈칸을 채워보세요. (한 문장에 还와 再를 함께 사용할 수도 있어요.)

❶ 明年我 _____ 要去中国!
❷ 这部电影真好看, 我 _____ 想看一遍。
❸ 那个人真不错, 我 _____ 要 _____ 见一次。
❹ 这本书你 _____ 要看吗?
❺ 我想 _____ 看一下, 我可以 _____ 看一个小时吗?
❻ 老师, 我们 _____ 想 _____ 休息五分钟。

3. 주어진 단어를 배열하여 하나의 문장을 만들어 보세요.

❶ (还　周日　500块　之前　在　我)
_____

❷ (还　为什么　我　不　钱)
_____

债台高筑 [zhàitáigāozhù]
빚더미에 올라앉다

UNIT 29 지금 바로 시작해요

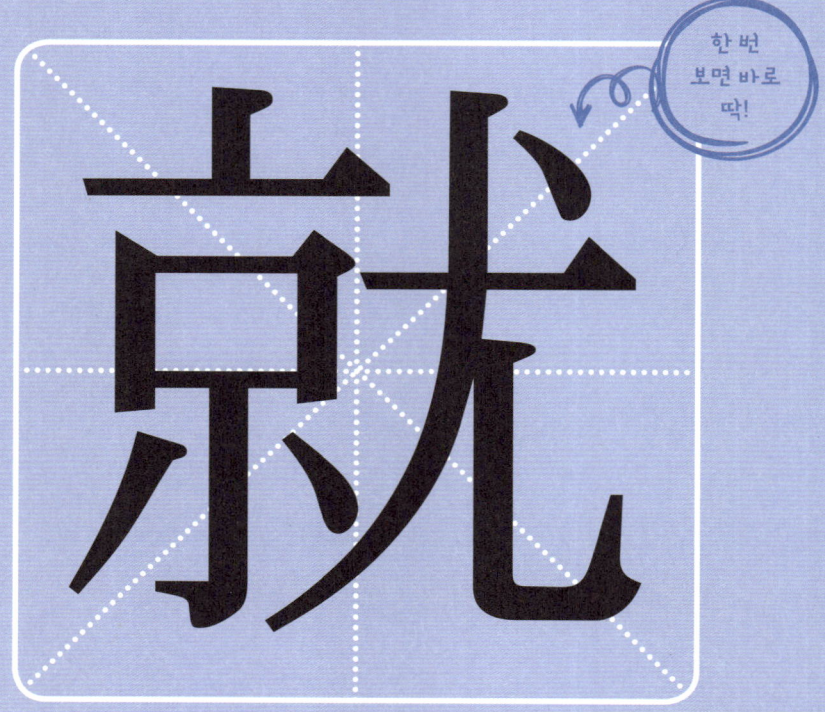

한 번 보면 바로 딱!

就

[jiù]

❶ **곧 바로 딱!** (马上 + 就)
❷ 생각보다 일찍 **바로 딱** 진행됨 ↔ 才
❸ **바로 딱** 그거야! (강조)
❹ ~ 하기만 하면 **바로 딱 ~ 한다** (一 ~ 就)
❺ 하고 싶으면 **바로 딱** 해!
　想 A 就 A / 말하는 대로 딱 说 A 就 A

 **목표 조준**

1. 곧 바로 딱 (马上 + 就 ~ 了)

- 明天就出发　　　　　míngtiān jiù chūfā　　　　　내일 바로 딱 출발해요.
- 我马上就走　　　　　wǒ mǎshàng jiù zǒu　　　　　저 바로 딱 갈게요.
- 马上就开始　　　　　mǎshàng jiù kāishǐ　　　　　바로 딱 시작합니다!
- 比赛马上就开始了　　bǐsài mǎshàng jiù kāishǐ le　경기가 바로 딱 시작합니다.
- 妈妈马上就回来　　　māma mǎshàng jiù huílai　　엄마는 바로 딱 돌아올 거예요.
- 我马上就回国了　　　wǒ mǎshàng jiù huíguó le　　저는 바로 딱 귀국해요.

2. 생각보다 일찍, 바로 딱 (← 才)

- 我8点就上班了　　　　wǒ bādiǎn jiù shàngbān le　　저 8시에 딱 출근했어요. (잘했죠?)
- 他25岁就结婚了　　　 tā èrshíwǔsuì jiù jiéhūn le　그는 25살인데 딱 결혼했어요. (좋겠다)
- 5点就下班了　　　　　wǔdiǎn jiù xiàbān le　　　　　5시에 딱 퇴근했어요. (부럽죠?)
- 22岁就找到工作了　　èrshísuì jiù zhǎodào gōngzuò le　22살인데 딱 취업했어요! (굉장해!)

> **Tip** 우쭐함을 담아 了와 짝을 이루는 것이 일반적입니다.

- 我8点才上班　　　　　wǒ bādiǎn cái shàngbān　　　저 8시에 겨우 출근했어요.
- 他40岁才结婚　　　　 tā sìshísuì cái jiéhūn　　　　그는 40살에 겨우 결혼했어요.
- 5点才下班　　　　　　wǔdiǎn cái xiàbān　　　　　　5시에 겨우 퇴근했어요.
- 32岁才找到工作　　　sānshíèrsuì cái zhǎodào gōngzuò　32살에 겨우 취업을 했어요.

> **Tip** 才(겨우)는 잘한 게 없으므로 문장 끝에 了를 대동하지 않습니다.

- 马上 mǎshàng 뷔 곧, 즉시
- 比赛 bǐsài 圀 경기, 시합 동 시합하다
- 找工作 zhǎo gōngzuò 동 직장을 구하다

UNIT 29 就 : 지금 바로 시작해요　179

3. 바로 딱 그거야! (강조의 就)

- 妈, 就是他 — mā, jiù shì tā — 엄마! 바로 저 사람이에요!
- 我爱的就是你 — wǒ ài de jiù shì nǐ — 제가 사랑하는 건 바로 당신이에요.
- 说的就是你 — shuō de jiù shì nǐ — 당신 말하는 거예요. (네 얘기야)
- 爱就在身边 — ài jiù zài shēnbiān — 사랑은 바로 곁에 있어요.
- 知识就是力量 — zhīshi jiù shì lìliang — 아는 것이 바로 힘입니다.

4. ~ 하기만 하면 바로 딱 ~ 한다 (一 ~ 就)

- 一看书就困 — yí kàn shū jiù kūn — 책만 보면 졸려요.
- 一喝酒就脸红 — yì hē jiǔ jiù liǎnhóng — 술만 마시면 딱 얼굴이 빨개져요.
- 一看就知道 — yí kàn jiù zhīdao — 한 번 보면 딱 알아요.
- 一学就会 — yì xué jiù huì — 한 번 배우면 딱 할 수 있어요.
- 一听就明白 — yì tīng jiù míngbai — 한 번 들으면 딱 이해가 돼요.
- 他一上课就出去 — tā yí shàngkè jiù chūqu — 그는 수업만 시작하면 딱 나가요.

5. A 하고 싶으면 바로 딱 A 해! (想 A 就 A)

- 想看就看 — xiǎng kàn jiù kàn — 보고 싶으면 딱 봐요.
- 想吃就吃 — xiǎng chī jiù chī — 먹고 싶으면 딱 먹어요.
- 想说就说 — xiǎng shuō jiù shuō — 말하고 싶으면 딱 말해요.
- 想问就问 — xiǎng wèn jiù wèn — 물어보고 싶으면 딱 물어보세요.

说 A 就 A (말하는 대로 딱)

- 说分就分 — shuō fēn jiù fēn — 헤어지자면 딱 헤어지는 거죠.
- 说走就走 — shuō zǒu jiù zǒu — 가자 하면 딱 가는 거죠.
- 怎么像演员一样说哭就哭呢 — zěnme xiàng yǎnyuán yíyàng shuō kū jiù kū ne — 어떻게 연기자처럼 운다 하면 딱 울죠?

원샷 원킬 아래 문장을 멋지게 번역해보세요.

- 明天我就要走了。

- 我每天准时下班，六点就下班了！

- 我喜欢的就是你!

- 一上班就头疼，一干活就头晕。

- 想哭就哭吧，我陪你一起哭。

- 为什么股票一买就跌，一卖就涨！

- 股票 gǔpiào 명 주식   · 跌 diē 동 떨어지다   · 涨 zhǎng 동 오르다

 **더블 킬** ▶ MP3 29-3

모든 문장에 就를 1회 이상 사용해야 합니다. 작문에 도전해보세요.

01 지금 바로 출발해요.

02 바로 시작해요.

03 곧 제 생일이에요.

04 지금 바로 공부해!

05 8시에 딱 출근했어요.

06 어제 10시에 딱 잤어.

07 그녀가 바로 제 여자친구예요.

08 나가고 싶으면 나가세요.

09 내가 사랑하는 건 바로 너야.

10 아는 것이 바로 힘이다.

11 우리는 바로 여기에서 공부해.

12 나는 술 마시면 바로 얼굴이 빨개져.

13 나는 출근만 하면 바로 머리가 아파.

14 먹고 싶으면 먹어!

15 난 딱 싫어!

16 오늘은 딱 여기까지!

작문 끝판왕

헤어지자 말하면 바로 헤어지는 거니?

네 사랑은 딱 그렇게 간단하니?

가고 싶으면 가!

우리 사랑 딱 여기까지야!

확인사살

1. 才 또는 就를 사용하여 빈칸을 채워보세요.

❶ 电影八点开始，我六点半 _____ 来了！

❷ 我今天 _____ 开始写作业。

❸ 你怎么现在 _____ 打电话？我们都在等着呀！

❹ 他25岁 _____ 结婚了，他的女儿今年 _____ 上学了！

❺ 你 _____ 20多岁，怎么会有白头发呢？

❻ 学3个月 _____ 得了HSK5级？她是个天才吗？

2. 다음 단어들을 알맞게 배열하세요.

❶ (往　走　就　一直　行　前)
　　_____

❷ (我　去　一大早　公司　工作　就)
　　_____

❸ (大概　就　了　六点　起床)
　　_____

❹ (就　二　书　我　困　看)
　　_____

❺ (是　想吃　你的　今天　吧　生日嘛　就吃)
　　_____

工作狂 [gōngzuòkuáng]
일벌레, 워커홀릭을 의미합니다.

다들 함께 해줄 거죠?

都

[dōu] / [dū]

- ❶ **모두 다, 전부 다** : 모두 다 내 덕분.
- ❷ **다 ~이다** : 모두 다 ~이다
- ❸ **심지어 ~ 조차도 다** : 심지어 선생님도 다 몰라요.
- ❹ **누구라도, 뭐라도, 어디라도 다** : 의문대명사 + 都
- ❺ **벌써** : 벌써 2017년이다.
- ❻ **수도 都 [dū]** : 중국의 수도는 북경이다.

 **목표 조준** ▶ MP3 30-1

1. 모두 다, 전부 다

- 大家都来看看吧　　dàjiā dōu lái kànkan ba　　여러분 다 와서 보세요.
- 大家都说我长得帅　dàjiā dōu shuō wǒ zhǎngde shuài　다 제가 잘생겼다 말해요.
- 我每天都吃苹果　　wǒ měitiān dōu chī píngguǒ　　전 매일마다 사과를 먹어요.
- 我全都想买　　　　wǒ quán dōu xiǎngmǎi　　　　저는 전부 다 사고 싶어요.
- 我们都会说汉语　　wǒmen dōu huì shuō hànyǔ　　우리는 다 중국어를 할 줄 알죠.

2. 다 ~이다 : 都(是)

- 我们都是韩国人　　wǒmen dōu shì hánguórén　　우리는 다 한국인이에요.
- 你们都是我的朋友　nǐmen dōu shì wǒ de péngyou　여러분은 다 제 친구예요.
- 都是我的错　　　　dōu shì wǒ de cuò　　　　　　다 저의 잘못입니다.
- 都是他害的　　　　dōu shì tā hài de　　　　　　다 그가 망친 거예요.
- 都是你的福　　　　dōu shì nǐ de fú　　　　　　　다 당신 덕분이에요.

3. 심지어 ~ 조차도 다 : 连 ~ 都(也) (连 생략 가능)

- 连我自己都不信　　lián wǒ zìjǐ dōu bú xìn　　저(조차)도 못 믿겠어요.
- 连我自己都害怕　　lián wǒ zìjǐ dōu hàipà　　저(조차)도 무서워요.
- 连我都知道　　　　lián wǒ dōu zhīdao　　　　저(조차)도 알아요.
- 连我妈妈都喜欢　　lián wǒ māma dōu xǐhuan　우리 엄마(조차)도 좋아해요.
- 连一动都不动　　　lián yídòng dōu búdòng　　조금(조차)도 못 움직이겠어요.

- 错　cuò　명 착오, 잘못
- 害怕　hàipà　동 겁내다, 두려워하다
- 害　hài　명 손해, 화
- 动　dòng　동 움직이다

4. 누구라도, 뭐라도, 어디라도, 어떻게라도, 언제라도 다 : 의문대명사 + 都(也)

- 谁都有秘密　　　　　shéi dōu yǒu mìmì　　　　　누구나 다 비밀은 있죠.
- 穿什么都漂亮　　　　chuān shénme dōu piàoliang　뭘 입어도 다 예뻐요.
- 五月, 去哪儿都好　　wǔ yuè, qù nǎr dōu hǎo　　　5월엔 어디를 가도 다 좋아요.
- 怎么说都不听　　　　zěnme shuō dōu bù tīng　　　어떻게 말해도 다 안 들어요.
- 什么时候都行　　　　shénme shíhòu dōu xíng　　　언제라도 다 돼요.

5. 벌써 (已经과 혼용, 주로 문장 끝에 了를 동반)

- 都十一点了　　　　　dōu shíyī diǎn le　　　　　　벌써 11시네요.
- 都十二月了　　　　　dōu shí'èr yuè le　　　　　　벌써 12월이네요.
- 都这么晚了　　　　　dōu zhème wǎn le　　　　　　벌써 이렇게 늦었네요.
- 我们认识都三年了　　wǒmen rènshi dōu sānnián le　우리가 안지 벌써 3년 됐네요.
- 学汉语都五个月了　　xué hànyǔ dōu wǔ ge yuè le　중국어 배운지 벌써 5개월 됐네요.
- 我都60岁了　　　　　 wǒ dōu liùshí suì le　　　　　저는 벌써 60살이에요.

6. 수도, 대도시 ([dū]로 발음)

- 首都　　shǒudū　　　수도　　　　　　· 都市　　dūshì　　　　대도시(城市)
- 成都　　Chéngdū　　 청두 (지명)　　 · 陪都　　péidū　　　　제 2의 수도
- 啤酒之都　píjiǔ zhī dū　맥주의 도시　· 美女之都　měinǚ zhī dū　미녀의 도시

- 秘密　mìmì　 명 비밀　　· 城市　chéngshì　명 도시

원샷 원킬   아래 문장을 멋지게 번역해보세요.

- 跟你在一起, 去哪儿都好。

- 谁都不知道他说什么, 连爸妈都不知道。

- 他们都是韩国人。

- 我是新手, 我自己都害怕自己。

- 老子都不想干了。

- 中国的首都是北京。

 **더블 킬**

모든 문장에 都를 1회 이상 사용해야 합니다. 작문에 도전해보세요.

01 다, 모두.

02 모두 내 거야.

03 우린 모두 한국인이에요.

04 우린 다 친구예요.

05 저는 뭐든 다 좋아해요.

06 밤엔 뭘 먹든 다 맛있어.

07 다 내 잘못이야.

08 다 네 덕분이야.

09 어제 한 시간도 못 잤어.

10 나 저녁도 안 먹었어.

11 벌써 서른이네요.

12 벌써 새해네요.

13 시간이 벌써 이렇게 늦었네요.

14 너희 다 정말 예쁘구나!

15 한국의 수도는 서울입니다.

16 우리는 다 미국의 수도를 알아요.

작문 끝판왕

한국의 수도는 어디일까요?

이건 심지어 저도 다 알아요.

많은 사람이 다 서울에 오는 걸 좋아해요!

확인사살

1. 다음 문장에서 都가 들어갈 위치를 고르세요.

❶ ① 大部分 ② 的同学 ③ 在 ④ 玩 ⑤ 手机
❷ ① 谁 ② 不 ③ 要 ④ 这样的 ⑤ 女人
❸ ① 对不起 ② 是 ③ 我 ④ 的 ⑤ 错
❹ ① 我们 ② 这里 ③ 各种各样的 ④ 东西 ⑤ 有
❺ 这么难 ① 的 ② 问题 ③ 连 ④ 老师 ⑤ 不知道
❻ 我 ① 在 ② 这公司 ③ 工作 ④ 十年 ⑤ 了

2. 다음 단어들을 알맞게 배열하세요.

❶ (都　好　的　一切　会)
　　_____

❷ (都　很帅　他　穿　什么　我男朋友)
　　_____

3. 다음 문장에서 틀린 부분을 찾아 바르게 수정하세요.

❶ 他们都中国人 그들은 모두 다 중국인이다.
　　_____

❷ 都的人喜欢韩国菜 모든 사람이 한국 요리를 좋아한다.
　　_____

低头族 [dītóuzú] 수그리족
스마트폰 중독을 일컫는 말로, 고개를 푹 숙이고 자신의 스마트폰만 바라보는 사람들을 일컫는 신조어예요.

UNIT 31 좋아요! 같이 가요!

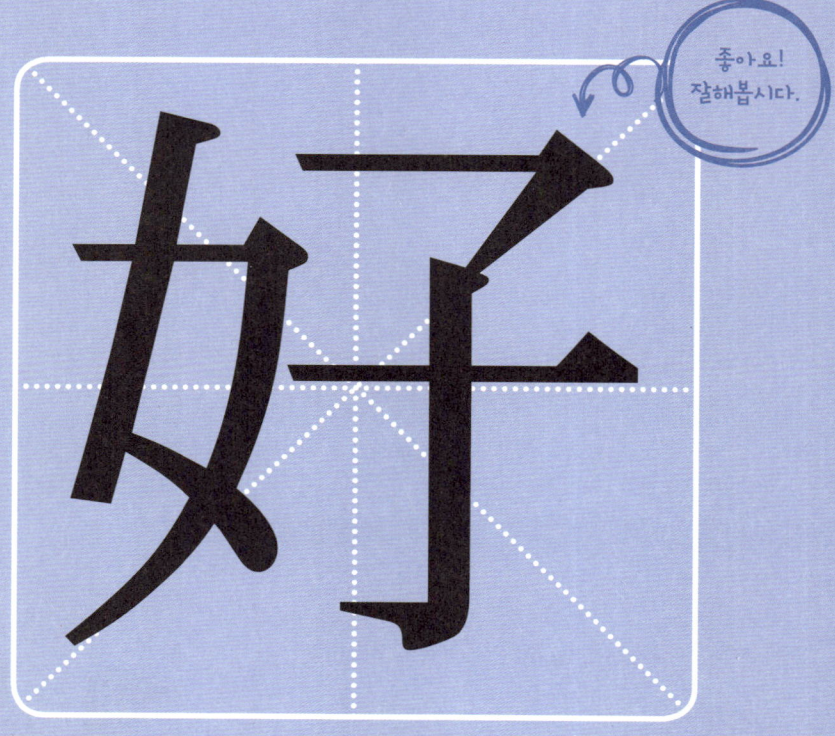

좋아요! 잘해봅시다.

[hǎo] / [hào]

❶ 좋다, 안녕하다
❷ 좋게 좋게 잘, 잘 좀, 잘
❸ 좋고 好, 쉽고 好 (好 + 동사)
❹ 매우, 꽤, 아주
❺ 동사 + 好 : 다 됐다 (결과보어)
❻ 집착 好 : 궁금하다, 애호하다 (4성)

 **목표 조준**   ▶ MP3 31-1

1. 좋다, 안녕하다

- 你好　　　　　　　　nǐ hǎo　　　　　　　　안녕.
- 我很好　　　　　　　wǒ hěn hǎo　　　　　　전 잘 지내요.
- 我们都很好　　　　　wǒmen dōu hěn hǎo　　 저희는 모두 잘 지내요.
- 你还好吗　　　　　　nǐ hái hǎo ma　　　　　당신은 여전히 잘 지내나요?
- 最好的我们　　　　　zuì hǎo de wǒmen　　　 제일 좋은 우리.
- 好不好　　　　　　　hǎobuhǎo　　　　　　　좋아요? (어때요?)

2. 좋게 좋게, 잘 좀, 잘 : 好好(好好儿)

- 好好过日子　　　　　hǎohāo guò rìzi　　　　잘 살아봅시다.
- 好好休息　　　　　　hǎohāo xiūxi　　　　　　푹 쉬세요.
- 好好学习　　　　　　hǎohāo xuéxí　　　　　　공부 열심히 하세요.
- 有话好好说　　　　　yǒu huà hǎohāo shuō　　할 말 있음 잘 좀 말해보세요.

3. 좋고, 쉽고 : 好 + 동사

❶ 하기 좋다

- 好吃　hǎochī　먹기 좋다 = 맛있다
- 好看　hǎokàn　보기 좋다 = 재밌다 = 예쁘다
- 好玩　hǎowán　좋다 = 재밌다
- 好喝　hǎohē　마시기 좋다 = 맛있다
- 好听　hǎotīng　듣기 좋다

❷ 하기 쉽다

- 好学　hǎoxué　배우기 쉽다
- 好说　hǎoshuō　말하기 쉽다
- 好找　hǎozhǎo　찾기 쉽다, 구하기 쉽다
- 好写　hǎoxiě　쓰기 쉽다

4. 매우, 꽤, 아주

- 好漂亮　　　　　hǎo piàoliang　　　　　짱 예뻐!
- 好帅　　　　　　hǎo shuài　　　　　　짱 멋있어!
- 好累　　　　　　hǎo lèi　　　　　　　짱 피곤해.
- 好想你　　　　　hǎo xiǎng nǐ　　　　　짱 보고 싶어.
- 好久不见　　　　hǎojiǔ bújiàn　　　　　진짜 오랜만. (오래 못 만났네)

5. 동사 + 好 : 다 됐다 (결과보어)

- 你准备好了吗　　nǐ zhǔnbèi hǎo le ma　　준비 다 했어요?
- 我吃好了　　　　wǒ chīhǎo le　　　　　저는 다 먹었어요.
- 我能做好　　　　wǒ néng zuòhǎo　　　　저는 다 해낼 수 있어요.
- 我已经推荐好了　wǒ yǐjing tuījiànhǎo le　전 이미 추천했어요.
- 我已经看好了　　wǒ yǐjing kànhǎo le　　　전 이미 다 봤어요.

6. 집착 好 [hào] (4성)

- 好奇　　　　　　hàoqí　　　　　　　　궁금하다. 호기심을 갖다
- 好奇鬼　　　　　hàoqí guǐ　　　　　　호기심 대장
- 爱好　　　　　　àihào　　　　　　　　취미. 애호. 애호하다

- **已经** yǐjing 📖 이미, 벌써　　・**准备** zhǔnbèi 📖 준비하다　　・**推荐** tuījiàn 📖 추천하다

원샷 원킬   아래 문장을 멋지게 번역해보세요.

- 你好, 明天。

- 好好学习, 别看手机。

- 真好吃, 好甜啊。

- 写汉字写得好难!

- 我已经准备好了, 你等等!

- 我是好奇鬼, 想知道的东西好多!

더블 킬

▶ MP3 31-3

모든 문장에 好를 1회 이상 사용해야 합니다. 작문에 도전해보세요.

01 좋다.

02 안녕!

03 여전히 잘 지내니?

04 나는 잘 지내.

05 우리 모두 잘 지내.

06 네가 있어서 참 좋아.

07 잘 쉬어라.

08 할 말 있으면 제대로 해!

09 커피가 정말 맛있군.

10 중국어는 배우기 쉽다.

11 잘 안 팔린다.

12 네가 짱 보고 싶어.

13 내 여자친구 짱 예뻐!

14 나는 이미 준비 다 했어!

15 잘 봤어? 난 아직 다 못 봤어.

16 이게 바로 내 취미야.

작문 끝판왕

중국어가 짱 어렵나요?

중국어 쉬워요. 우리 같이 잘 배워봐요.

여러분, 준비됐나요?

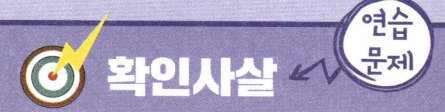

보기의 단어를 알맞은 곳에 넣어 문장을 완성하세요.

看好   好看   爱好   好久

真好   好好   好想

A : 你看过这部电影吗? 听说好 ① _____ !
너 이 영화 봤어? 짱 재밌다는데!

B : 当然! 我的 ② _____ 就是看电影嘛。
당근이지! 내 취미가 영화 보는 거잖아.

A : 是吗? 我 ③ _____ 没看电影。
그래? 난 영화 안 본지 너무 오래됐는데.

B : 那我来给你推荐一下这部电影, 你要 ④ _____ 看看!
그럼 내가 너한테 이 영화 추천해줄게! 잘 봐야 돼!

A : 这部我已经 ⑤ _____ 了呀!
이 영화는 이미 다 본거야!

B : 那这部呢? 这是最新上映的电影!
그럼 이거는? 최신 개봉한 영화야!

A : 哦 我也 ⑥ _____ 看!
你能不能陪我去?
아 나도 너무 보고 싶어! 네가 나 데려가줄래?

B : 这部我也还没看! 那现在就去看吧!
이 영화는 나도 아직 안 봤어! 그럼 지금 보러 가자!

A : 好的, 有你 ⑦ _____ ~
좋아, 네가 있으니 정말 좋다~

影迷 [yǐngmí]
영화 팬, 영화광을 일컫는 말입니다.

• 部 bù 양 한 편, 두 편 영화 세는 단위

 **많이 많이 고마워요**

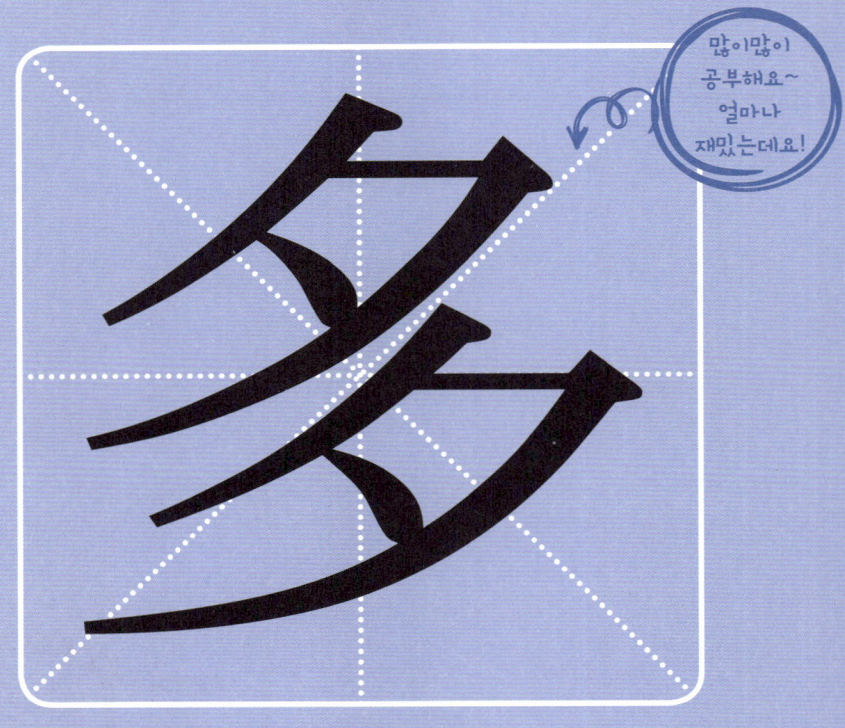

[duō]

❶ **많다** : 사람이 많다, 미녀가 많다, 시간이 많다.
❷ **많이 (동사) 해!** : 많이 들어, 많이 먹어, 많이 봐.
❸ **많이 많이**
❹ **얼마나 많이 (형용사) 한가**
   : 얼마나 긴가, 얼마나 높은가
❺ 결과보어로도 많이 활용되는 **多**

 **목표 조준** ▶ MP3 32-1

1. 많다

- 人很<u>多</u>　　　　　　rén hěn duō　　　　　　사람이 많아요.
- 美女<u>多</u>吗　　　　　　měinǚ duō ma　　　　　미녀가 많나요?
- 我朋友不<u>多</u>　　　　　wǒ péngyou bù duō　　　전 친구가 많지 않아요.
- 时间不<u>多</u>　　　　　　shíjiān bù duō　　　　　시간이 많지 않아요.
- 你不要想太<u>多</u>　　　　nǐ búyào xiǎng tài duō　생각을 너무 많이 하지 마세요.

2. 많이 (동사) 해! (多 + 동사)

- <u>多</u>看, <u>多</u>听　　　　　duō kàn, duō tīng　　　많이 보고, 많이 들어요.
- <u>多</u>喝水　　　　　　　duō hē shuǐ　　　　　　물 많이 마셔요.
- <u>多</u>吃水果　　　　　　duō chī shuǐguǒ　　　　과일 많이 먹어요.
- <u>多</u>吃肉　　　　　　　duō chī ròu　　　　　　고기 많이 먹어요.
- <u>多</u>吃点儿　　　　　　duō chī diǎnr　　　　　많이 좀 먹어요.
- <u>多</u>买点儿　　　　　　duō mǎi diǎnr　　　　　많이 좀 사요.

3. 많이 많이

- <u>多多</u>爱我　　　　　　duōduō ài wǒ　　　　　많이 많이 사랑해주세요.
- <u>多多</u>关照　　　　　　duōduō guānzhào　　　많이 많이 보살펴주세요.
- <u>多多</u>指教　　　　　　duōduō zhǐjiào　　　　많이 많이 가르쳐주세요.

- **关照** guānzhào 图 돌보다, 보살피다　　• **指教** zhǐjiào 图 가르치다

UNIT 32 多 : 많이 많이 고마워요

4. 얼마나 (형용사) 한가? : (有) + 多 + 형용사

- 汤唯多高　　　　　　　Tāngwéi duō gāo　　　　　　탕웨이는 키가 얼마나 되나요?
- 一分钟有多长　　　　　yìfēnzhōng yǒu duō cháng　　1분은 얼마나 긴가요?
- 长城有多长　　　　　　Chángchéng yǒu duō cháng　만리장성은 얼마나 긴가요?
- 有多疼　　　　　　　　yǒu duō téng　　　　　　　　얼마나 아파요?
- 梦想离我们有多远　　　mèngxiǎng lí wǒmen yǒu duō yuǎn　꿈과 우리의 거리는 얼마나 먼가요?

얼마나 많이 (형용사) 한가! (감탄) ((有) + 多 + 형용사)

多可爱啊　　　　　　　　duō kě'ài a　　　　　　　　　얼마나 귀여운데요.
爱一个人有多难　　　　　ài yí ge rén yǒu duō nán　　　한 사람을 사랑하는 것은 얼마나 어려운 일인지.

5. 결과보어로도 많이 활용되는 多

- 吃多了　　　　　　　　chī duō le　　　　　　　　　　많이 먹었어요.
- 你喝多了, 别再喝了　　nǐ hē duō le, bié zài hē le　　많이 마셨어요. 더 마시지 마세요.

- **汤唯** Tāngwéi 고·명 탕웨이 (중국의 배우)
- **长城** Chángchéng 고·명 만리장성
- **梦想** mèngxiǎng 명 꿈
- **离** lí 개 ~로부터, ~에서

원샷 원킬 아래 문장을 멋지게 번역해보세요.

- 多喝水。

- 你不要想太多!

- 多多爱我~

- 请您多多关照。

- 一分钟有多长?

- 你看! 小样有多可爱!

더블 킬

MP3 32-3

모든 문장에 多를 1회 이상 사용해야 합니다. 작문에 도전해보세요.

01 많다.

02 진짜 많다.

03 너무 많다.

04 그다지 많지 않다.

05 조금도 많지 않다.

06 좀 많다.

07 많이 보고, 많이 들어.

08 과일 많이 먹어.

09 많이(푹) 쉬어.

10 나 많이 많이 사랑해줘.

11 많이 많이 가르쳐 주십시오.

12 얼마나 아파요?

13 엄마는 얼마나 피곤할까?

14 네 사랑은 얼마나 깊니?

작문 끝판왕

꿈은 우리에게서 얼마나 멀리 있나요?

우리 많이 많이 노력합시다!

꿈이 있는 우리는 얼마나 아름답습니깨!

확인사살 연습문제

빈칸에 多 / 多多 중 알맞은 단어를 골라 넣으세요.

A : 最近学汉语的人很 ① _____ 。
요즘 중국어 배우는 사람이 참 많더라.

B : 对啊! 最近我也开始学汉语了!
맞아! 나도 최근에 중국어를 배우기 시작했어!

A : 真的吗? 学汉语有 ② _____ 难啊?
진짜? 중국어 배우는 거 얼마나 어렵니?

B : ③ _____ 看, ④ _____ 听, ⑤ _____ 说, ⑥ _____ 写!
就不难了!
많이 보고, 많이 듣고, 많이 말하고, 많이 쓰면! 어렵지 않아!

A : 我也想学汉语了! 需要你 ⑦ _____ 帮忙啊。
나도 중국어 배우고 싶어졌어! 니가 많이 많이 도와줘야 해.

B : 好啊! 我饿了。咱们学习之前先吃点饭吧!
좋아! 배고프다. 우리 공부하기 전에 밥부터 좀 먹자!

A : 那今天我来请客! 以后请你 ⑧ _____ 指教!
그럼 오늘은 내가 쏜다! 앞으로 많이 가르쳐 줘!

请客　[qǐngkè]
한턱 내다

UNIT 33 우리 열정은 늙지 않을 겁니다

老

사람은 늙지만 사랑은 항상 변함없기를

[lǎo]

❶ **늙다 (형용사)** : 우린 늙었어요, 천천히 늙어가요.
❷ **명사를 만드는 老** (존경, 공경, 친근함을 담은 老)
❸ **그냥 접두사 라오** (老虎, 老鼠)
❹ **늘 그대로 라오** : always의 의미를 가진 老
　　　　　　　　(늙 & 늘로 기억해 두세요)
❺ **老**를 활용한 신조어 및 쉽고 멋진 문장

 **목표 조준** ▶ MP3 33-1

1. 늙다 (형용사)

- 我们老了　　　　　　wǒmen lǎo le　　　　　　우린 늙었어요.
- 又老了一岁　　　　　yòu lǎo le yísuì　　　　　또 한 살 먹었어요.
- 我是不是老了　　　　wǒ shìbushì lǎo le　　　　저 늙은 건가요?
- 人老了爱情不老　　　rén lǎo le àiqíng bù lǎo　　사람은 늙지만 사랑은 늙지 않아요.
- 和你一起慢慢老　　　hé nǐ yìqǐ mànman lǎo　　당신과 함께 천천히 늙어가요.

2. 명사를 만드는 老 (존경 또는 친근함의 의미)

- 老人　　lǎorén　　노인, 늙은이
- 老师　　lǎoshī　　선생님, 스승
- 老爸　　lǎobà　　아빠
- 老大　　lǎodà　　맏이
- 老二　　lǎo'èr　　둘째
- 老公　　lǎogōng　　신랑, 서방
- 老家　　lǎojiā　　고향
- 老天爷　lǎotiānyé　하느님, 조물주

- 老朋友　lǎopéngyou　오랜 친구
- 老手　　lǎoshǒu　　베테랑
- 老妈　　lǎomā　　엄마
- 老小　　lǎoxiǎo　　막내
- 老三　　lǎosān　　셋째
- 老婆　　lǎopo　　마누라, 집사람
- 老板　　lǎobǎn　　사장님
- 老两口　lǎoliǎngkǒu　노부부

- 又　yòu　튄 또, 다시
- 爱情　àiqíng　명 애정, 사랑
- 一起　yìqǐ　튄 같이, 함께
- 慢慢　mànman　형 천천히, 느릿느릿

UNIT 33 老 : 우리 열정은 늙지 않을 겁니다

3. 접두사 老 (의미 없음)

- 老虎   lǎohǔ   호랑이
- 老鹰   lǎoyīng   독수리
- 老鼠   lǎoshǔ   생쥐

4. 늘 老 (부사, always의 의미로 활용)

- 老样子   lǎo yàngzi   옛 모습 (늘 그 모습)
- 老地方   lǎodìfang   늘 만나던 장소
- 老是   lǎoshì   늘, 항상, 언제나
- 怎么老是你   zěnme lǎoshì nǐ   어째서 늘 당신입니까?
- 我们在老地方见 wǒmen zài lǎo dìfang jiàn 우리 늘 만나던 곳에서 봐요.
- 他老去韩国   tā lǎo qù hánguó   그는 늘 한국에 가요.
- 为什么老睡觉   wèishénme lǎo shuìjiào   왜 늘 잠만 자요?

5. 老 활용 신조어 및 쉽고 멋진 문장

- 老鸟   lǎoniǎo   '인터넷 고수'를 뜻하는 신조어
                                          (← 菜鸟 càiniǎo 풋내기)
- 老司机   lǎosījī   '경험이 많은 사람'을 뜻하는 신조어
- 人老心不老   rén lǎo xīn bù lǎo   사람은 늙어도 마음은 늙지 않는다.
- 活到老学到老   huó dào lǎo xué dào lǎo 살아있는 한 배우기를 멈추지 않는다.

- 样子 yàngzi 명 모양, 모습   · 睡觉 shuìjiào 동 잠을 자다

원샷 원킬   아래 문장을 멋지게 번역해보세요.

- 又老了一岁。

- 人老了爱情不老, 幸福的老两口。

- 我们是老朋友!

- 小老鼠和老虎的故事。

- 孩子老玩游戏, 怎么办!

- 今晚在老地方见吧。

 **더블 킬**　　　▶ MP3 33-3

모든 문장에 老를 1회 이상 사용해야 합니다. 작문에 도전해보세요.

01 늙다.

02 늙었다.

03 늙고 싶지 않다.

04 또 한 살 늙었다.

05 너와 함께 천천히 늙어가고 싶어.

06 우리는 오랜 친구입니다.

07 그는 베테랑이다.

08 우리의 선생님.

09 너의 고향은 어디니?

10 저는 첫째 (맏이) 입니다.

11 그는 늘 지각한다.

12 넌 어째서 늘 TV를 보냐?

13 늘 그렇지 뭐. (그대로야)

14 우리 내일 늘 만나던 곳에서 보자.

작문 끝판왕

그녀는 우리의 중국어 선생님이에요.

그녀는 늘 "아직 늦지 않았다"고 말해요.

그녀는 늙었지만 그녀의 열정은 늙지 않습니다.

보기의 단어를 알맞은 곳에 넣어 문장을 완성하세요.

老地方　　老大　　老样子　　又老了　　老家　　老朋友

---

❶ A：照片里的这个人是你的朋友吗？ 사진 속의 이 사람은 네 친구야?

　B：对啊，他是我的 _____ 。 맞아, 그는 나의 오랜 친구야.

❷ A：在你们家你是 _____ 吗？ 너희 집에서 네가 맏이야?

　B：不是，我有一个姐姐。 아니, 언니가 한 명 있어.

❸ A：Duang! 2017年了。 우와(뚜앙)! 2017년이다!

　B：我们 _____ 一岁。 우리 또 한 살 먹었구나.

❹ A：下星期就要放假了～ 你回 _____ 吗？
　　다음주에 방학이야. 넌 고향에 가니?

　B：当然啊。我已经买好票了呢
　　당연하지. 벌써 표도 사뒀어.

❺ A：好久不见，你最近过得好吗？
　　오랜만이야. 요즘 잘 지내?

　B：我还是 _____ 。
　　난 늘 똑같지 뭐.

Duang~
뚜앙~

배우 성룡의 과거 CF속 효과음이 회자되며 2015 최고의 유행어로 등극했습니다. 우리말 '짠, 따란~'과 유사한 의미입니다.

❻ A：亲爱的～ 还有半个小时我就下班了。
　　자기~ 30분만 있으면 나 퇴근이야.

　B：我已经在 _____ 等着你。
　　난 벌써 늘 만나던 거기에서 당신을 기다리고 있어.

UNIT 33 老 : 우리 열정은 늙지 않을 겁니다　207

언제나 여기에서 지켜보고 있어요

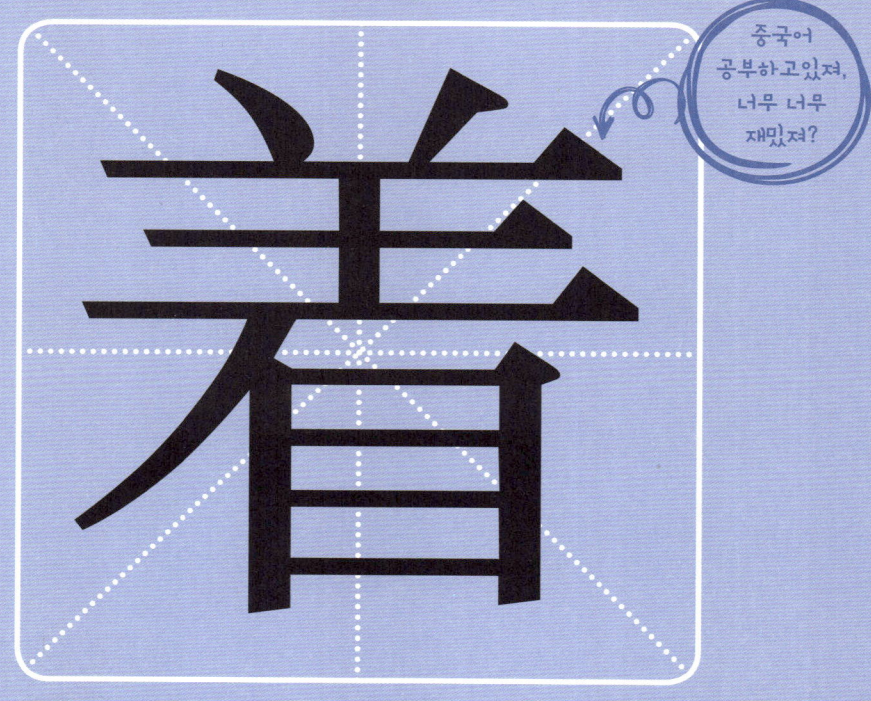

[zhe] / [zhuó] / [zháo]

❶ ~하고 있다 : 공부하고 있어(져), 놀구 있어(져).
❷ 하고 있어! (가벼운 명령) : 딱 듣고 있져! 딱 앉아 있져!
❸ ~ 잖아 (着听) : 너무 바쁘잖아(져너), 아직 이르잖아(져너).
❹ ~ 상태로 ~하다 (동사 ❶ + 着 + 동사 ❷)
❺ 착 붙는 着 : 집착, 착수, 부착
❻ 조급한 着
❼ 시험 빈출 着

 목표 조준

▶ MP3 34-1

1. ~하고 있다 (동사 뒤)

- 他看<u>着</u>我   tā kànzhe wǒ   그가 절 보고 있어요.
- 我听<u>着</u>音乐   wǒ tīngzhe yīnyuè   전 음악을 듣고 있어요.
- 孩子吃<u>着</u>饭呢   háizi chīzhe fàn ne   아이가 밥을 먹고 있어요.
- 我想<u>着</u>你   wǒ xiǎng zhe nǐ   당신을 그리워하고 있어요.
- 只是爱<u>着</u>你   zhǐshì àizhe nǐ   다만 당신을 사랑하고 있어요.
- 一个人坐<u>着</u>   yí ge rén zuòzhe   한 사람이 앉아 있어요.

Tip 진행태 在와 지속태 着의 차이점은 36 페이지를 참고하세요.

2. 하고 있어! (가벼운 명령)

- 你给我听<u>着</u>   nǐ gěi wǒ tīngzhe   딱 듣고 있어!
- 你给我等<u>着</u>   nǐ gěi wǒ děngzhe   딱 기다리고 있어!
- 你给我站<u>着</u>   nǐ gěi wǒ zhànzhe   딱 서 있어!

3. ~잖아 着呢 (형용사 뒤)

- 我最近忙<u>着</u>呢   wǒ zuìjìn máng zhe ne   전 요즘 바쁘잖아요.
- 他学习好<u>着</u>呢   tā xuéxí hǎo zhe ne   그는 공부를 잘하잖아요.
- 她漂亮<u>着</u>呢   tā piàoliang zhe ne   그녀는 예쁘잖아요.
- 时间还早<u>着</u>呢   shíjiān hái zǎo zhe ne   시간이 아직 이르잖아요.
- 我们白<u>着</u>呢   wǒmen bái zhe ne   우린 하얗잖아요! (2015' 중국 유행어)

- 只是 zhǐshì 🔵 오직, 다만
- 早 zǎo 🔶 (때가) 이르다
- 站 zhàn 🟢 서다
- 白 bái 🔶 하얗다, 희다

4. ~ 상태로 ~하다 (동사 ❶ + 着 + 동사 ❷)

- 我笑<u>着</u>回家   wǒ xiàozhe huíjiā   전 웃으며 집에 가요.
- 坐<u>着</u>看书的小孩儿   zuòzhe kàn shū de xiǎoháir   앉아서 책을 보는 아이
- 老师哭<u>着</u>说   lǎoshī kūzhe shuō   선생님이 울면서 말씀하십니다.
- 我会笑<u>着</u>离开   wǒ huì xiàozhe líkāi   저는 웃으며 떠날 거예요.
- 等<u>着</u>瞧   děngzhe qiáo   두고봅시다.

5. 착 붙는 着 [zhuó] (착수, 착복, 집착, 부착 등)

- <u>着</u>手   zhuóshǒu   착수하다, 손을 대다
- <u>着</u>装   zhuózhuāng   입다, 쓰다, 착용하다
- 执<u>着</u>   zhízhuó   집착하다, 끈기있다
- 附<u>着</u>   fùzhuó   부착하다, 달라붙다

6. 조급한 着 [zháo] (결과, 가능보어로 쓰이는 경우에도 [zháo])

- <u>着</u>急   zháojí   조급해하다
- 睡<u>着</u>   shuìzháo   잠이 들다
- 睡不<u>着</u>   shuìbuzháo   잠들지 못하다
- <u>着</u>凉   zháoliáng   감기에 걸리다
- 睡得<u>着</u>   shuìdezháo   잠들 수 있다
- 买不<u>着</u>   mǎibuzháo   살 수 없다

7. 시험 빈출 3대 着 [zhe]

- 接<u>着</u>   jiēzhe   이어서, 계속해서, 뒤이어
- 随<u>着</u>   suízhe   ~에 따라서
- 意味<u>着</u>   yìwèizhe   의미하다, 뜻하다

- 离开 líkāi 동 떠나다, 헤어지다
- 瞧 qiáo 동 보다, 들여다보다

원샷 원킬   아래 문장을 멋지게 번역해보세요.

- 我看着你, 想着你, 爱着你。

- 别着急, 这也会过去的。

- 一只羊, 两只羊, 一万只羊, 晚上睡不着, 真难过啊。

- 他们俩站着干什么呢?

- 五星级酒店的服务员要注意着装。

- 2017年的休假安排多美啊!
  开天节, 中秋节, 韩文节一个接着一个。

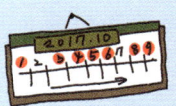

더블 킬

 MP3 34-3

모든 문장에 着를 1회 이상 사용해야 합니다. 작문에 도전해보세요.

01 보고 있어.

02 선생님은 서 계신다.

03 자기야, 널 그리워하고 있어.

04 앉아서 책 보고 있는 사람.

05 딱 기다리고 있어!

06 곧 착수합니다.

07 저는 웃으며 집에 갑니다.

08 그는 울며 말했다.

09 우린 너무 바쁘잖아.

10 아직 시간이 이르잖아.

11 그는 잠이 들었다.

12 조급해하지 마요.

13 그녀는 또 감기에 걸렸다.

14 우리 이어서 볼게요.

15 졸업을 함에 따라, 사랑도 끝났다.

16 성공은 무엇을 의미하는가.

작문 끝판왕

저는 매일 그녀를 보고 있어요.

그녀는 매일 웃으며 책을 보죠.

그녀가 이건 사랑이 아니고 집착이라고 말해요.

확인사살

1. 다음 문장에 着가 들어갈 위치를 고르세요. (중복 선택 가능)

   ❶ 有人 ① 正在 ② 唱 ③ 歌 ④ 呢 ⑤ 。
   ❷ 这 ① 孩子 ② 已经 ③ 睡 ④ 了 ⑤ 。
   ❸ 妈妈 ① 抱 ② 孩子 ③ 回 ④ 家 ⑤ 。
   ❹ ① 平等 ② 并 ③ 不 ④ 意味 ⑤ 公平 ⑥ 呢。
   ❺ 他 ① 开 ② 电脑 ③ 就睡 ④ 了 ⑤ 。

2. 다음 문장에 쓰인 着의 발음으로 맞는 것을 고르세요.

   ❶ 随着社会的发展 •   • [zháo]
   ❷ 我会尽力着手去做的 •   • [zhe]
   ❸ 你着什么急呢 •   • [zhuó]

3. 다음 그림을 중국어로 묘사해보세요 (조건 모든 문장에 着를 사용할 것!)

❶ 그는 앉아서 일을 하고 있다.
❷ 그녀는 서서 전화를 하고 있다.
❸ 강아지는 그들을 지켜보고 있고,
❹ 고양이는 잠이 들었다.
❺ 이런 작문 연습, 재밌잖아요~

UNIT 35 아무 걱정 마요! 제가 있잖아요

이제왔ne? 기다리고 있었자ne~

[ne]

❶ **물음표 친구 呢** : 너는? 왜에? 언제? 어디서?
❷ **마침표, 느낌표 친구 呢** : 기다리고 있잖ne
❸ **물결표 친구 呢** : 내가 있잖아~, 날씨가 좋잖아~
❹ **쉼표 친구 呢** : 중국어는 말이죠, 뭐 별거 없어요.

1. 물음표 친구, 생략 의문문 呢

· 你呢	nǐ ne	당신은요?
· 我们呢	wǒmen ne	우리는요?
· 爸, 妈妈呢	bà, māma ne	아빠, 엄마는요?
· 我的女朋友呢	wǒ de nǚpéngyou ne	제 여자친구는요?
· 我吃这个, 你呢	wǒ chī zhè ge, nǐ ne	전 이거 먹을래요. 당신은요?
· 我喜欢他, 你呢	wǒ xǐhuan tā, nǐ ne	전 그가 좋아요. 당신은요?

❶ 의문 대명사/ 수량사와 어울리는 呢

为什么呢	wèishénme ne	왜요?
他是谁呢	tā shì shéi ne	그는 누구죠?
你在哪里呢	nǐ zài nǎli ne	당신은 어디에 있죠?
我们吃什么呢	wǒmen chī shénme ne	우리 뭐 먹죠?
怎么找工作呢	zěnme zhǎo gōngzuò ne	일은 어떻게 구하죠?
现在几点呢	xiànzài jǐ diǎn ne	지금 몇 시죠?
有多少人呢	yǒu duōshao rén ne	사람이 얼마나 있죠?

❷ 선택의문문, 정반의문문과 어울리는 呢

你是男的还是女的呢	nǐ shì nánde háishi nǚde ne	당신은 남자예요 아니면 여자예요?
喝咖啡还是茶呢	hē kāfēi háishi hē chá ne	커피 마실까요 아니면 차 마실까요?
好不好看呢	hǎo bu hǎokàn ne	예뻐요?
学汉语好不好呢	xué hànyǔ hǎo bu hǎo ne	중국어 배우니까 어때요?
有没有想我呢	yǒu méiyǒu xiǎng wǒ ne	제 생각했어요?

· 问号 wènhào 명 물음표   · 还是 háishi 접 또는 ~아니면

2. 마침표, 느낌표 친구 呢 (동작이나 상황의 지속을 강조)

- 我爱你呢　　　　　wǒ ài nǐ ne　　　　　　　제가 당신을 사랑하고 있잖아요!
- 别打扰我，我看书呢　bié dǎrǎo wǒ, wǒ kànshū ne　방해하지 마세요, 책 보고 있잖아요!
- 在玩游戏呢　　　　zài wányóuxì ne　　　　　게임하고 있잖아요!
- 我在等你呢　　　　wǒ zài děng nǐ ne　　　　제가 당신을 기다리고 있잖아요!
- 我们在上课呢　　　wǒmen zài shàngkè ne　　저희 지금 수업하고 있잖아요!

3. 물결표 친구 呢 (~잖아)

- 别担心，有我呢　　bié dānxīn, yǒu wǒ ne　　걱정마요, 제가 있잖아요~
- 啊，我想哭呢　　　a, wǒ xiǎng kū ne　　　　아~ 울고 싶어요~
- 大家都来了呢　　　dàjiā dōu lái le ne　　　모두 다 왔잖아요~
- 我去韩国呢　　　　wǒ qù hánguó ne　　　　저 한국에 가잖아요~
- 我喜欢你呢　　　　wǒ xǐhuan nǐ ne　　　　제가 당신을 좋아하잖아요~

> **Tip** 2.3은 화자의 어기에 따라 '~잖애'라고 강하게 강조할 수도 있고, '~ 잖아~'라고 부드럽게 이야기할 수 있으므로 상황에 맞게 활용하면 됩니다.

4. 쉼표 친구 呢 (문장 가운데서 잠시 쉬어갈 때)

- 明天呢，就是我的生日　　　míngtiān ne, jiù shì wǒ de shēngrì　　내일은, 바로 제 생일이에요.
- 其实呢，我也一样　　　　　qíshí ne, wǒ yě yíyàng　　　　　　　사실은, 저도 그래요.
- 现在呢，已经好了　　　　　xiànzài ne, yǐjing hǎo le　　　　　　지금은, 좋아졌어요.
- 我们公司呢，老板不怎么样　wǒmen gōngsī ne, lǎobǎn bù zěnmeyàng
　우리 회사는, 사장님이 별로예요.

- 句号　jùhào　명 마침표　　・感叹号　gǎntànhào　명 느낌표
- 波浪号　bōlànghào　명 물결표　・顿号　dùnhào　명 모점, 작은 쉼표

🎯 원샷 원킬   아래 문장을 멋지게 번역해보세요.

- 你们都去旅游不在家, 那我呢?

- 宝贝, 你在哪里呢? 我在找你呢。

- 几号回来呢? 想你怎么办呢?

- 她喜欢我还是不喜欢我呢?

- 其实呢, 我们都是一样的, 呵呵。

- 你不要怕, 有我呢~ 我一直都在呢。

더블 킬 (작문) ▶ MP3 35-3

모든 문장에 呢를 1회 이상 사용해야 합니다. 작문에 도전해보세요.

01 나 너 좋아해, 너는?

02 오늘 안 와? 그럼 내일은?

03 네가 가면 우리는?

04 왜에?

05 시간이 다 어디로 간거야?

06 이 한자 어떻게 쓰는거야?

07 우리 오늘 뭐 먹지?

08 밖에 누구예요?

09 네 딸 올해 몇 살이야?

10 방해하지 마, 지금 책 보고 있잖아.

11 우리가 기다리고 있잖아요.

12 봐봐, 없잖아!

13 저는 말이죠, 중국에 가고 싶지 않아요.

14 우리 회사는요, 월급이 별로 안 높아요.

15 걱정 말아요. 제가 있잖아요.

작문 끝판왕

전 솔로예요, 당신은요?

저는 왜 여자친구가 없을까요?

정말 울고 싶네요~

사실은 말이죠, 혼자가 더 좋아요.

확인사살

1. 呢와 괄호 속 제시어를 사용하여 빈칸을 채워 대화를 완성하세요.

❶ A：我们吃午饭吧，你先点菜。 우리 점심 먹자, 먼저 주문해.
   B：＿＿＿＿＿＿＿，＿＿＿？(炸酱面) 난 자장면, 너는?

❷ A：听说老师要回老家了。 듣자하니 선생님 고향으로 가신대.
   B：真的吗? 那＿＿＿＿＿＿？(怎么办) 정말? 그럼 우린 어떡해?

❸ A：我们出去玩吧~ 我好无聊！ 우리 나가 놀자~ 나 심심해.
   B：你别打扰我！＿＿＿＿＿。(做作业) 방해하지 마, 나 숙제하고 있잖아!

❹ A：报告还没写完，怎么办呢！ 보고서 아직인데 어쩌지?
   B：别担心，＿＿＿＿＿。我来帮你! (有) 걱정 마, 내가 있잖아. 도와줄게!

2. 呢의 친구들입니다. 한어 병음을 찾아 연결한 후 중국어를 적어 넣으세요.

[bōlànghào]　　[gǎntànhào]　　[wènhào]　　[jùhào]　　[dùnhào]

페이의 명쾌한 중국어

답안지

UNIT 01 중국어는 무엇인가요?

🎯 원샷 원킬
- 이것은 무엇인가요?
- 여보~ 나는 당신의 무엇인가요?
- 당신은 어떤 과일을 좋아하나요?
- 오늘은 무엇도 하고 싶지 않아, 이불 밖은 위험해.
- 집에 먹을만한 게 없네.
- 울긴 뭘 울어!

🎯 더블 킬
01 那是什么
02 你喜欢什么
03 周末你常常做什么
04 爱情是什么
05 什么也不用想
06 什么也不要说
07 你喜欢什么颜色
08 这是什么电影
09 你玩什么游戏
10 你喝什么酒
11 没什么可看的
12 看什么看
13 你没什么对不起的
14 5点吃什么晚饭

작문 끝판왕
爱情是什么
爱情? 那没什么特别的
谈什么恋爱
和我们没有什么关系的

🎯 확인사살 (연습문제)
❶ A : 你喝什么
❷ A : 你喜欢什么颜色
❸ B : 什么都 (=什么也)
❹ A : 你叫什么名字
❺ B : 玩什么游戏
❻ B : 没什么好玩的
❼ B : 怕什么怕
❽ B : 什么的

UNIT 02 어떻게 공부하나요?

🎯 원샷 원킬
- 오늘 어째서 한 시간이나 늦었니!
- 네가 가버리면 난 어떡하라구.
- 내가 어떻게 널 사랑하지 않을 수 있겠어! 이렇게 귀여운데!
- 올해 여름은 왜 이렇게 더운 거야?
- 엄마, 나는 어떻게 온 거예요? 어디서 온 거예요?
- 어떻게 먹어도 배가 부르지 않아? 나 식충이인가?

🎯 더블 킬
01 怎么吃
02 怎么说
03 你怎么来这儿的
04 你怎么这样
05 你怎么没有女朋友
06 怎么也不知道
07 你怎么不高兴
08 不知道怎么感谢
09 今天怎么这么冷
10 你们公司怎么样
11 不怎么样
12 我的汉语不怎么样
13 怎么说也不听
14 我怎么办

작문 끝판왕
不知道怎么办
女人的心怎么那么复杂
我怎么努力也得不到

🎯 확인사살 (연습문제)
① 怎么不
② 怎么办
③ 不怎么
④ 怎么
⑤ 怎么这么
⑥ 怎么也
⑦ 怎么这样
⑧ 怎么了

UNIT 03 열심히만 하면

🎯 원샷 원킬
- 자기야, 주말에 우리 뭐 할까? 자기 뭐 하고 싶어?
- 내가 너의 남자친구가 되게 해줘.
- 중국에서 사업할 때 반드시 기억해야 할 것 :
  먼저 친구가 된 후에 사업을 하라.
- 내 피자의 주인은 나.
- 우리 집 귀염둥이는 사진을 찍기만 하면
  웃긴 표정을 짓는다.
- 강아지도 꿈을 꿀까요?

🎯 더블 킬
01 做什么
02 你做什么工作
03 下课以后要做什么
04 不想做
05 你喜欢做什么运动
06 做头发需要10分钟
07 我毕业以后想做生意
08 这件衣服是我妈妈做的
09 不要小题大做
10 孩子喜欢做鬼脸
11 我想做你的老公
12 先做人，再做事
13 我的人生我做主
14 别做梦了！快醒来
15 我喜欢说到做到的人

작문 끝판왕
我们10年以后会做什么
不想做的事情也要做
我们的青春我们做主

🎯 확인사살 (연습문제)
① 做菜
② 做主
③ 不做
④ 做朋友
⑤ 做的
⑥ 做到
⑦ 做法
⑧ 做副手

UNIT 04 꾸준히만 하면

🎯 원샷 원킬
- 여보세요, 지금 뭐 해?
  내가 너 있는 데로 갈게. 이따가 봐!
- 한다면 한다! 이 세상에 내가 못하는 일은 없다.
- 이건 내가 직접 만든 과자야.
- 오늘은 진짜 일하기 싫어.
  집에 가고 싶다. 집에 가고 싶다.
- 우리 집 귀염둥이는 깨끗한 걸 좋아해서, 매일 씻어요.
- 못생기면 일이라도 많이 해야지.

🎯 더블 킬
01 不想干
02 想干什么
03 你在干吗
04 你干吗学汉语
05 我说干就干
06 我喜欢能干的人
07 今天真不想干活儿
08 这里不太干净
09 这件衣服一定要干洗
10 老板说，你真能干
11 今天天气太干燥了
12 我们用肉干和干果下酒吧
13 你不要干笑
14 为了明天干杯

작문 끝판왕
周末干什么
我要去干活儿
长得丑就要多干活儿

🎯 확인사살 (연습문제)
❶ A : 干吗
❷ A / B : 干杯
❸ A : 干果
❹ A : 干燥
❺ B : 肯干

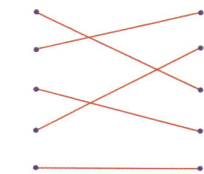

UNIT 05 제가 옆에 있으니

원샷 원킬
- 난 여기서 네가 돌아오기를 기다릴게.
- 여보, 오늘 집에서 밥 먹어요! 저 장 보고 있어요.
- 선생님이 계실 때
- 선생님이 안 계실 때
- 너 지금 뭐라는 거야?
- 다른 사람의 차가 항상 우리 집 앞에 주차되어 있어. 어떡하지?

더블 킬
01 在
02 在公司
03 在公司加班
04 在咖啡厅喝咖啡
05 在吗
06 老板不在公司
07 我一直都在
08 我想和你在一起
09 你在干什么
10 你在看什么
11 他在想什么
12 我在喝酒
13 我在加班(呢)
14 我在等你(呢)
15 我们坐在这儿吧
16 请放在门口

작문 끝판왕
你在哪儿
我在老地方等你
我在想你的时候, 你也会想我吗

확인사살 (연습문제)
① 在哪儿
② 在哭
③ 在公司对面
④ 坐在
⑤ 在说
⑥ 在公司
⑦ 放在

UNIT 06 어려움은 없습니다

원샷 원킬
- 난 남자친구 없어.
- 나 안 취했어! 우리 몇 잔 더 마시자.
- 우리는 왜 아직도 성공을 못한 걸까?
- 잃어봐야, 잃은 것이 무엇인지 알게 된다.
- 다 팔렸습니다. 내일 다시 오세요.
- 나는 그녀만큼 예쁘지 않다.

더블 킬
01 没有
02 有没有
03 我没有车
04 这里没有你
05 我不能没有你
06 没什么
07 没问题
08 我还没上班呢
09 你为什么还没成功
10 我已经什么都没了
11 喝没了
12 面包吃没了
13 我的朋友没有你多
14 她没有你漂亮
15 我的手机没有你的贵

작문 끝판왕
人生没有不可能
可是没有现在的努力
机会就没有了
没有比现在更早的时候

확인사살 (연습문제)
❶ A : 没来
   B : 没问题
❷ B : 没了
❸ B : 有没有
❹ B : 没有
❺ A : 神出鬼没
   B : 没有人

UNIT 07 아낌없이 줄게요

🎯 원샷 원킬

- 나 줘.
- 아빠, 하나만 사주세요.
- 여신이 나에게 밥을 해준다.
- 누가 날 위해 통역을 해줄 수 있니?
- 엄마를 위해 발을 씻겨드리자.
- 너 딱 잘 들어!

🎯 더블 킬

- 01 给
- 02 不给
- 03 给我吧
- 04 给我礼物
- 05 别给他礼物
- 06 这是他给我的生日礼物
- 07 请给我5分钟
- 08 给我买包
- 09 给我看看你的眼睛
- 10 给我笑一个
- 11 给我翻译这个句子
- 12 你给我等着
- 13 7点给我打电话
- 14 给他找女朋友
- 15 供给和需求

작문 끝판왕

妈妈每天给(为)我们做饭
今天我们给妈妈礼物
妈妈, 谢谢你给我的一切

🎯 확인사살 (연습문제)

1. ❶ : 给
   ❷ : 介绍
   ❸ : 点赞
   ❹ : 笑一个
2. ❷

UNIT 08 이리 와서 함께해요

🎯 원샷 원킬

- 아빠 엄마, 저 왔어요.
- 보자, 누가 안 왔니?
- 엄마, 제가 도와드릴게요.
- 자기야, 한 번 안아줘. 아잉~
- 자자자, 한 잔 더 마시자구.
- 오지 마!

🎯 더블 킬

- 01 来
- 02 不来
- 03 不要来 / 别来
- 04 他会来吗
- 05 你要来
- 06 不能来
- 07 他没来
- 08 他不来
- 09 我来吧
- 10 我来帮你
- 11 今天我来做饭吧
- 12 来抱一个
- 13 来来来~喝吧
- 14 快回来吧, 我在等你呢

작문 끝판왕

亲爱的, 来亲一个吧
今天我来煮方便面
来, 你先吃一口

🎯 확인사살 (연습문제)

1. ❶ : ② 여러분, 안녕하세요. 제가 소개해보겠습니다.
   ❷ : ① 제가 북경에 온지 1년이 되어가네요.
   ❸ : ⑤ 어서 들어오세요. 밖이 추워요!
   ❹ : ④ 자, 여러분 한 잔 합시다!
   ❺ : ③ 사장님~ 난쇼상구 1인분 주세요.
2. ❶ : ④
   ❷ : ③
   ❸ : ②, ④
   ❹ : ①, ④

UNIT 09 실력을 높여봐요

🎯 원샷 원킬

- 수업 시작했습니다.
  학생들은 열심히 수업을 들어야 합니다.
- 얼른 타! 우리 드라이브하러 나가자!
- 책상 위의 휴대폰과 커피
- 열심히 배워서 승승장구하자
- 지난달의 첫 날 우린 헤어졌다.
- 난 네가 좋아졌어. 너 내 남자친구 해라.

🎯 더블 킬

- 01 上课
- 02 爸爸上班, 我上学
- 03 快上来吧
- 04 不想上车
- 05 请上面写名字
- 06 飞机上别看书
- 07 世界上你最漂亮
- 08 好好学习, 天天向上
- 09 上个星期五见的她
- 10 上个月分手了
- 11 我喜欢上她了
- 12 我看上你了
- 13 穿上最贵的衣服
- 14 关上心门

작문 끝판왕

我爱上你了
考上大学后, 向你表白
这是我上半年的目标

🎯 확인사살 (연습문제)

1. ① 桌子上　　② 上个月
   ③ 上课　　　④ 关上
   ⑤ 考上　　　⑥ 向上

2. 追上　　戴上耳机　　合上书

UNIT 10 어서 결심을 내려요

🎯 원샷 원킬

- 매일 칼퇴.
- 내려놓음이 곧 행복이다.
- 밖에 또 비가 와. 우산 챙기는 거 잊지 마.
- 우리의 선물을 받아줘.
- 만약 다음 생이 있다면, 난 너와 함께하고 싶어.
- 아이들은 항상 책상 밑에서 노는 것을 좋아한다.

🎯 더블 킬

- 01 这里是我的天下
- 02 山下的女人
- 03 书的下面
- 04 下面, 我们要造句
- 05 我下个星期去中国
- 06 下一站是幸福
- 07 下次再来
- 08 大家, 下车吧
- 09 要下课了
- 10 放下就是幸福
- 11 请收下我的礼物
- 12 下决心戒酒
- 13 用炸鸡下酒
- 14 今天我们下馆子吧

작문 끝판왕

下一站是'幸福', '幸福'站
下车的乘客
请提前做好准备下车

🎯 확인사살 (연습문제)

① 下课
② 下雨
③ 下次
④ 桌子下
⑤ 下一站
⑥ 下车
⑦ 下馆子
⑧ 下辈子

제가 볼 때, 당신은 할 수 있어요

🎯 원샷 원킬
- 나는 책을 보고 있다.
- 보긴 뭘 봐!
- 부모님을 뵈러 집에 가자.
- 난 네 마음을 꿰뚫어 볼 수 있어.
- 날 얕봤던 모든 사람들, 고맙다.
- 난 네게 반했어.

🎯 더블 킬
01 看
02 我看
03 我看书
04 我想看
05 你别看我
06 你在看什么
07 我在看你
08 我今天去看妈妈
09 我来试试看
10 你们说说看
11 像我一样做做看
12 去医院看病吧
13 我看穿(看破)她的心理
14 我看, 这电影不太好看
15 你不要小看我

작문 끝판왕
看书一点儿也不累
可是, 看孩子很难
看也不知道孩子要什么
看来, 我不是好爸爸

🎯 확인사살 (연습문제)
1. ① 我看　② 看穿
   ③ 说说看　④ 看重

2. 看朋友们　看书　看病　看孩子

 먹고 사는 것도 중요하지만

🎯 원샷 원킬
- 나 밥 먹을래.
- 대기업이 소기업을 먹다. (인수하다)
- 게임에서는 적을 먹을 수 있다.
- 내 주먹을 먹어라!
- 산 근처에서 산에 기대어 먹고 산다.
- 공부는 너무 힘들어.

🎯 더블 킬
01 吃
02 我吃
03 我吃饭
04 我想吃
05 你别吃
06 先吃饭, 然后吃药
07 吃了她一拳
08 大公司吃了我们公司
09 我吃公家饭
10 我吃惊了
11 我不是吃货
12 你吃醋了吗
13 小时候, 吃了很多苦
14 你吃错药了吗? 今天怎么了

작문 끝판왕
속담 早饭吃好, 午饭吃饱, 晚饭吃少
나 ver 早饭吃好, 午饭吃饱, 晚饭吃多

🎯 확인사살 (연습문제)
1. ① 吃喜糖　② 吃力
   ③ 吃饭　④ 吃货

2. 吃惊　不想吃饭　工作吃力

UNIT 13 배우고 싶으면 배워야죠

🎯 원샷 원킬
- 출근하기 싫다. 하루만 쉬고 싶어.
- 남자친구 있었으면 좋겠다.
  내 남자친구는 어디 있는 걸까?
- 우리 애기, 너도 집이 그립니?
- 너 지금 무슨 생각해?
  오빠는 너 생각하는데, 너는?
- 당신은 당신이 생각한 것 보다 훨씬 강해요!
- 꿈이 있어야 비로소 희망이 있고,
  꿈이 있어야 비로소 미래가 있다.

🎯 더블 킬
- 01 想
- 02 我想
- 03 我想休息
- 04 不想
- 05 不想上班
- 06 想有个女朋友
- 07 别说了, 我不想听
- 08 宝贝, 你在想什么
- 09 没想到
- 10 真没想到你是这样的人
- 11 想起来了
- 12 想不起来
- 13 你的梦想是什么
- 14 我真想你了

작문 끝판왕
我想当老师
这就是我的梦想
我相信, 梦想成真
你的梦想是什么

🎯 확인사살 (연습문제)
① 理想　　② 梦想
③ 幻想　　④ 想不起来
⑤ 想象　　⑥ 想起来
⑦ 没想到

UNIT 14 중국어를 원한다면

🎯 원샷 원킬
- 맥주 두 병 주세요. 시원한 거 있어요?
- 그녀가 날 떠나려고 해. 술을 마셔야겠어.
- 반드시 열심히 공부할 거야!
- 기차로 1시간 걸려.
- 가지 마~가지 마~
- 여름이 곧 오려고 해. 나 다이어트할 거야.

🎯 더블 킬
- 01 要
- 02 不要
- 03 我要你
- 04 我要钱
- 05 你要吗 / 要不要
- 06 我要吃饭
- 07 我要减肥
- 08 我要当老师
- 09 我们要做作业
- 10 你要相信我
- 11 你一定要幸福
- 12 坐飞机要几个小时
- 13 她要走了
- 14 不要走

작문 끝판왕
新年要来了
今年一定要结婚
要多长时间呢
你们不要笑, 不要小看我

🎯 확인사살 (연습문제)
1. ❶ : ③　　❷ : ④
   ❸ : ③　　❹ : ④

2. ❶ : 你一定要幸福。
   ❷ : 你不要告诉他我的秘密
   ❸ : 你要什么样的男人?

3. 不想说再见 ●————————●

   不要说再见 ●————————●

227

UNIT 15 배움의 문을 두드리세요

원샷 원킬
- 나는 연필 한 다스가 있다.
- 친구와 인사를 잘 해요.
- 우산을 든 고양이
- 오늘은 내가 청소해야지!
- 기사아저씨 : 택시 잡아요? 미터기 안 찍고, 탈래요?
- 너희 둘, 싸우지 마!

더블 킬
01 一打
02 正好一打
03 你为什么打我
04 不要打人
05 给我打电话吧
06 两个学生在打架
07 妈妈, 我可以打篮球吗
08 大家, 打招呼一下
09 不要打扰我
10 我们打车回家吧
11 请打包一下
12 我不喜欢打字
13 你还在打工吗
14 你会打台球吗

작문 끝판왕
A : 周末打乒乓球吧
    谁输谁打扫, 怎么样
B : 我是打酱油的
    不要打扰我

확인사살 (연습문제)
1. ❶ : 一打   ❷ : 打
   ❸ : 打招呼   ❹ : 打扮
   ❺ : 打架   ❻ : 打篮球

2. 打扫   打电话   打喷嚏   打字

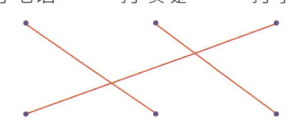

UNIT 16 중국어로 미래를 엽시다

원샷 원킬
- 곧 개학이야. 학교에 가고 싶지 않아ㅠㅠ
- 내일은 금요일. 너무 신나.
- 귀염둥이 아들아, 좋게 생각하렴.
- 휴대폰 내려놓고 책 펴라!
- 넌 내 손을 놓을 수 없어.
- 음주운전은 매우 위험해요!

더블 킬
01 开始
02 开学
03 开工
04 不想开门
05 我好开心
06 想开点吧
07 最近开店不容易
08 开空调
09 请不要开灯
10 快开门吧
11 我们能再开始
12 请不要放开我的手
13 我不想离开你
14 走开 / 滚开

작문 끝판왕
这是我给你买的礼物, 打开看看吧
我想让你开心
这不是开玩笑的, 我们再开始吧

확인사살 (연습문제)
❶ A : 开关 / B : 开关
❷ A : 开始
❸ B : 打开
❹ B : 想开点
❺ B : 开店

UNIT 17 맞아요! 우린 할 수 있어요

🎯 원샷 원킬

- 넌 내 좋은 친구야, 맞지?
- 미안하다, 사랑한다.
- 당신의 세 끼 올바르게 먹었나요?
- 그는 나에게 정말 잘해줘.
- 커피를 마시는 한 쌍의 커플
- 서점은 빵집 맞은편에 있다.

🎯 더블 킬

01 对
02 不对
03 对吧
04 我对, 你不对
05 谁对谁不对
06 对不起, 都是我不对的
07 对了! 今天是我的生日
08 你说对了
09 一对情侣
10 我在你的对面
11 他在我的对面
12 你不是我的对手
13 对话非常精彩
14 他对我很好
15 对自己好一点
16 我对汉语很感兴趣

작문 끝판왕

他对我说,
"对不起, 对我来说你只是个朋友
我对你不感兴趣。"
对, 我不是他的对象

🎯 확인사살 (연습문제)

① 对面
② 一对
③ 对吧
④ 说对
⑤ 对了
⑥ 感兴趣
⑦ 对不起

UNIT 18 포기하지 않으면 다다를 수 있어요

🎯 원샷 원킬

- 아저씨, '명동'으로 가주세요.
- 와~ 드디어 비행기 표를 사냈어!
- 나는 아직 일자리를 찾지 못했어.
- 서울에서 베이징까지 비행기로 2시간 걸린다.
- 너무 예뻐서 친구가 없어. 예쁨 돋는다.
- 행복은 바로 자연스럽게 깰 때까지 자는 것.

🎯 더블 킬

01 我到了
02 什么时候到
03 马上到
04 上周刚到
05 春天到了
06 到哪儿去
07 到我这儿来
08 从小到大没有男朋友
09 从韩国到中国远吗
10 从3点到5点上课
11 我买到了exo的演唱会票
12 我漂亮到没朋友
13 我终于吃到了这个菜
14 昨天等到10点了
15 我们一定会做到

작문 끝판왕

新年到了
可是还没找到工作
从去年到现在
一到早上, 我就去学校学习
今年我一定要做到

🎯 확인사살 (연습문제)

1. ❶ : ② ❷ : ④
   ❸ : ① ❹ : ④
   ❺ : ④

2. ❶ : 今天我们说到这里吧
   ❷ : 我买到了去北京的火车票
   ❸ : 我从昨天到现在什么也没吃
   ❹ : 能想到就能做到

UNIT 19 배움이 모이면 할 줄 알게 되고

🎯 원샷 원킬
- 오전에 회의가 하나 있어.
  저녁엔 회식에 가야 해. 피곤해 죽겠다.
- 나 술 마실 줄 몰라.
- 열심히 하겠습니다!
  저를 뽑는다면 후회하지 않으실 겁니다.
- 그녀는 옷을 참 잘 입어.
- 다음에 다시 만나요! 다음에 또 볼 수 있길 바라요.
- 우리 아버지는 유명한 회계사입니다.

🎯 더블 킬
01 没有机会
02 不要误会
03 我们约会吧
04 跟女朋友去演唱会
05 每天早上都有会议
06 我会说汉语
07 我会写汉字
08 她会喝酒
09 她真会喝酒
10 他会喜欢我吗
11 她不会喜欢你的
12 他一定会回来
13 不会吧
14 她在大学学了会计
15 我一定会成功的

작문 끝판왕
她会有男朋友吗
她不会有男朋友
但是她不会喜欢我的

🎯 확인사살 (연습문제)
1. ① 聚会　② 音乐会
   ③ 约会　④ 误会　⑤ 不会

2. ❶ : 她会说汉语　❷ : 她不会喝酒
   ❸ : 她真会说话　❹ : 她喜欢会玩儿的男人
   ❺ : 她会有男朋友　❻ : 她的明天会美好的
   ❼ : 她不会放弃的　❽ : 我们一定会在一起的

UNIT 20 그거면 되는 거죠

🎯 원샷 원킬
- 과연 내 친구야. 넌 정말 대단해.
- 아빠가 안 된다면 안 되는 거야! 울긴 뭘 울어!
- 요즘 일하는 거 그럭저럭 괜찮아.
- 청춘을 메고 여행을 떠나요.
- 2017년에는 어떤 업종이 좋을까?
- 셋이 길을 가면 그 가운데 반드시 나의 스승이 있다.

🎯 더블 킬
01 旅行
02 喜欢旅行吗
03 现在流行什么
04 什么时候举行
05 马上行动
06 开车的时候请注意行人
07 我不喜欢这样的行为
08 3月去中国吧, 行不行
09 别说不行
10 还会说汉语, 你真行
11 工作还行
12 银行在哪儿
13 看看电影排行榜
14 您是专家, 我是外行!你做吧
15 人老了, 身体不行了

작문 끝판왕
下个月我要辞职, 行不行
我想换个行业
先辞职然后要去旅行

🎯 확인사살 (연습문제)
1. ① 真行　② 举行
   ③ 第三行　④ 流行
   ⑤ 行动　⑥ 不行

2. ❶ : ④
   ❷ : ⑤

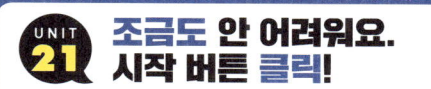 **조금도 안 어려워요. 시작 버튼 클릭!**

🎯 원샷 원킬

- 사장님, 우리 몇 시에 퇴근해요? 저 좀 피곤한데.
- 시간 없으니, 요점만 말해!
- 선생님이 아직 출석체크 안 했어, 빨리 와.
- 아직 10분 남았어. 얼른 선곡해!
- 저 출근 늦었어요, 좀 빨리 가줄 수 있을까요?
- 이 신발은 조금 작아요, 조금 큰 거 있나요?

🎯 더블 킬

01 两点
02 我六点下班
03 这里是我们的起点
04 终点在哪儿
05 她的特点是什么
06 说重点
07 你有什么优点
08 我有很多缺点
09 我们回到原点吧
10 我们没有共同点
11 要点菜吗
12 我可以点歌吗
13 你一点儿也不爱我
14 天气有点儿冷, 多穿点儿衣服吧
15 桌子上有一点儿水

작문 끝판왕

最近我有点儿累
已经十二点了, 今天要早点儿睡
为了新的起点

🎯 확인사살 (연습문제)

① 几点
② 有点儿
③ 点菜
④ 一点儿
⑤ 特点
⑥ 共同点
⑦ 点击
⑧ 点

 **일어나요! 멋진 그대들**

🎯 원샷 원킬

- 정말 출근해야 해? 일어나기 싫다.
- 우리 비행기는 곧 이륙합니다.
  안전띠를 착용해 주시기 바랍니다.
- 오늘 모두가 엄지를 치켜 올리며 날 칭찬했다.
- 햄버거 세트메뉴가 29원부터.
- 내 집 마련은 다음 생에.
- 오늘부터! 매일 일찍 일어날 거야!
  내일부터! 운동해서 살 뺄 거야.

🎯 더블 킬

01 几点起床
02 我们的飞机马上要起飞
03 你怎么还没起床
04 老师来了! 起立!
05 我的名字是我妈给我起的
06 他是怎么白手起家的
07 突然起风了
08 开始起雾了, 不要开车
09 人生的起点是公平吗
10 这家公司的起薪是多少钱
11 从现在起要做幸福的人
12 竖起耳朵听听吧
13 牛肉太贵, 吃不起
14 这么贵的包儿, 你买得起吗
15 学费不贵, 我们学得起

작문 끝판왕

起薪不太高
猪肉也吃不起
从明天起我要减肥

🎯 확인사살 (연습문제)

❶ A : 起来　　　B : 起雾, 起飞
❷ A : 起鸡皮疙瘩　B : 拿起
❸ A : 买得起　　B : 买不起
❹ A : 起名　　　B : 白手起家
❺ A : 起

UNIT 23 계획을 세우고, 날짜를 셈해봐요

🎯 원샷 원킬
- 계산기 쓰지 말고, 스스로 암산해봐.
- 네 이름의 획이 얼마나 되는지 세어봐.
- 이번 생에 부모님을 며칠이나 모실 수 있는지 계산해봐.
- 이 노래는 유명한 편은 아니지만, 난 정말 좋아해.
- 오늘 넌 뭐 할 계획이니.
- 형, 됐어, 됐어! 흥분하지 매!

🎯 더블 킬
- 01 算
- 02 算一算 / 算算 / 算一下
- 03 我们去算命吧
- 04 算得又快又准
- 05 看看口算的结果对不对
- 06 她算漂亮吗
- 07 这手机的价格算便宜吗
- 08 有钱就算好人
- 09 我打算明天回去
- 10 你有什么打算
- 11 我们算是什么关系
- 12 年龄算什么
- 13 老婆说了算
- 14 算了
- 15 不喜欢, 不看就算了

작문 끝판왕
算一下, 明年能不能买房子
去算命吧
算了吧, 预算不足

🎯 확인사살 (연습문제)
1. A：打算　　　B：说话不算数
2. B：算什么
3. A：算命
4. B：说了算
5. B：算是
6. B：算了
7. A：口算

UNIT 24 기다리고 있을게요

🎯 원샷 원킬
- 바보야, 그녀를 기다리지 마! 그녀는 돌아오지 않을거야.
- 너 날 무시해? 흥. 두고봐.
- 평등과 공평은 다르다.
- 졸업과 실업은 같은 건가요?
  졸업했는데, 하나도 기쁘지 않네요.
- 외출할 때 바람 등급을 잘 봐야 한다.
- 축구하는 것, 야구하는 것, 농구하는 것 등등.
  내가 좋아하는 운동은 많다.

🎯 더블 킬
- 01 等, 等待
- 02 我要等你
- 03 别傻等
- 04 请稍等
- 05 不好意思, 让你久等了
- 06 等着瞧
- 07 你还在等他吗
- 08 昨晚等到十点了
- 09 我得了一等奖
- 10 毕业等于失业吗
- 11 有钱不等于幸福
- 12 一加一等于可爱
- 13 结婚等于什么
- 14 等他准备好的时候她已经走了
- 15 我去过北京, 上海等等很多地方

작문 끝판왕
你要再等她
很多人说, 结婚等于幸福
等你50岁的时候, 已经太晚

🎯 확인사살 (연습문제)
① 在等　　② 等很久
③ 傻等　　④ 等于
⑤ 不等于　⑥ 不平等
⑦ 等等　　⑧ 等着瞧

UNIT 25 이 길을 모두 지날 때까지

🎯 원샷 원킬
- 일반적으로 중국인들은 생일에 장수면을 먹는다.
- 길을 건널 땐 왼쪽, 오른쪽 잘 살피고 횡단보도로 다녀요.
- 난 많은 곳을 가 봤지만, 상하이는 아직 가보지 못했다.
- 힘들어하지 마. 우린 널 떠나지 않아.
- 10분 늦어서 쫓겨났어. 선생님 너무해요.
- 나 화장품 알레르기가 있어. 어떡하지? 약 먹어야 하나?

🎯 더블 킬
- 01 过周末
- 02 和朋友过生日
- 03 你过得好吗
- 04 时间过得真快
- 05 过3天就是周末
- 06 你过来
- 07 路过你家
- 08 过马路就是我家
- 09 请不要过期
- 10 太过分了
- 11 您过奖了
- 12 过时了
- 13 我去过日本
- 14 我没去过日本
- 15 我去过三次日本
- 16 我说不过你

작문 끝판왕
学过汉语吗
还没学过
不要错过这次机会

🎯 확인사살 (연습문제)
- ❶ : 通过
- ❷ : 经过
- ❸ : 经过
- ❹ : 通过
- ❺ : 经过
- ❻ : 经过
- ❼ : 通过
- ❽ : 经过

UNIT 26 배우고 또 배우고

🎯 원샷 원킬
- 또 야근해야 돼… 사장님, 집에 가게 해주세요!
- 월요일부터 금요일까지 매일 술 마셔요. 마시고 또 마시고.
- 네가 아는 것도 두렵고, 네가 모르는 것도 두려워.
- 1kg 또 쪘네. 또 다이어트해야 되네.
- 피곤하고 졸려! 하지만 내일 또 출근해야 해.
- 낮엔 귀엽고 밤엔 섹시한 아내.

🎯 더블 킬
- 01 今天又来了
- 02 昨天晚上又吃了
- 03 你又买衣服了
- 04 又喝咖啡
- 05 又吃多了
- 06 每天看了又看
- 07 问了又问
- 08 说喜欢我，又不来看我
- 09 早上很漂亮，晚上又很性感
- 10 那又怎么样
- 11 我又不是你的谁
- 12 又不是我的，为什么要买
- 13 我们公司又大又好
- 14 星期一又忙又累

작문 끝판왕
又有钱，又帅，又高，
没有女朋友，那又怎么样
想了又想
谈恋爱又累又麻烦

🎯 확인사살 (연습문제)
1.
   - ❶ : ②, ③
   - ❷ : ④
   - ❸ : ③
   - ❹ : ①
   - ❺ : ②
2.
   - ❶ : 又
   - ❷ : 再
   - ❸ : 再
   - ❹ : 又
   - ❺ : 又

UNIT 27 아무리 힘들어도 다시 해봐요

원샷 원킬
- 뭐라고요? 한 번만 다시 얘기해주세요.
- 내 빵 줄게. 하나 더 먹어.
- ❶ 이 책 진짜 재미없어. 한 번 더 보고 싶지 않아.
  ❷ 이 책 진짜 재미없어. 다시는 보고 싶지 않아!
- 이 커피 정말 맛있다. 한 잔 더 마셔야지.
- 이렇게 좋은 차는, 돈 생기면 다시 말하자.
- 아무리 피곤해도 계속 해 나가요! 우리 같이 힘내요!

더블 킬
01 再说一遍
02 下次再见
03 老板, 再来一瓶
04 再次感谢
05 再见到你真高兴
06 再也不见你
07 我再也不敢
08 再也没有这样的人
09 再说也没用
10 再喝一杯吧
11 请再等一个小时吧
12 想好再说
13 学好汉语再去中国吧
14 再努力一点点

작문 끝판왕
你再想想吧
再也没有这样的机会
再累再难也要坚持

확인사살 (연습문제)
1. ❶ : ②   ❷ : ③
   ❸ : ①   ❹ : ④
   ❺ : ④

2. ❶ : 再   ❷ : 又 / 再
   ❸ : 再 / 再   ❹ : 又 / 再

UNIT 28 아직 늦지 않았어요

원샷 원킬
- 벌써 10시가 됐지만, 그는 아직 회사에서 일한다.
- 매일 엄청 많은 것을 먹지만 아직 배고파.
- 이렇게나 많이 샀는데, 아직도 더 사고 싶어.
- 내 동생은 나보다 더 크다.
- 이번에 90점 맞았어! 그런대로 괜찮지?
- 네가 있어 다행이야.

더블 킬
01 我还爱你
02 我们为什么还没成功
03 我还没有男朋友
04 你还学日语吗
05 我比你还漂亮
06 汉语比英语有意思
07 这件衣服还可以
08 你还好吗
09 还好有你
10 还不能休息
11 还想买吗
12 我还会说英语
13 还钱
14 不用还我

작문 끝판왕
我的汉语还差得远呢
我还要学
比日语还容易
你怎么还没开始呢

확인사살 (연습문제)
1. ❶ : ⑤   ❷ : ④
   ❸ : ①   ❹ : ②
   ❺ : ②

2. ❶ : 还   ❷ : 还
   ❸ : 还 / 再   ❹ : 还
   ❺ : 再 / 再   ❻ : 还 / 再

3. ❶ : 在周日之前我还500块
   ❷ : 为什么不还我钱

UNIT 29 지금 바로 시작해요

🎯 원샷 원킬
- 난 내일 바로 딱 떠날 거야.
- 난 매일 칼퇴해. 6시면 딱 퇴근!
- 내가 좋아하는 건 바로 너야!
- 출근하기만 하면 두통, 일 시작하기만 하면 현기증.
- 울고 싶으면 울어. 내가 같이 울어줄게.
- 주식은 왜 사면 떨어지고 팔면 오르는 거지!

🎯 더블 킬
01 现在就出发
02 马上就开始
03 马上就到我的生日了
04 现在就学习
05 我8点就上班了
06 昨天10点就睡觉了
07 她就是我的女朋友
08 想出去就出去吧
09 我爱的就是你
10 知识就是力量
11 我们就在这儿学习
12 我一喝酒就脸红
13 我一上班就头疼
14 想吃就吃
15 我就不喜欢
16 今天就到这儿

작문 끝판왕
说分就分吗
你的爱就那么简单吗
想走就走吧
我们的爱就到这里了

🎯 확인사살 (연습문제)
1. ❶ : 就 ❷ : 才
   ❸ : 才 ❹ : 就 / 就
   ❺ : 才 ❻ : 就

2. ❶ : 一直往前走就行
   ❷ : 我一大早就去公司工作
   ❸ : 大概六点就起床了
   ❹ : 我一看书就困
   ❺ : 今天是你的生日嘛, 想吃就吃吧

UNIT 30 다들 함께해줄 거죠?

🎯 원샷 원킬
- 너와 함께라면, 어디를 가도 좋아.
- 그가 뭐라고 말했는지 아무도 모른다. 부모님조차도 모른다.
- 저 사람들은 모두 한국인이야.
- 난 초보 운전자야. 나도 내가 무서워.
- 나님은 일하고 싶지 않아.
- 중국의 수도는 베이징이다.

🎯 더블 킬
01 都
02 都是我的
03 我们都是韩国人
04 我们都是朋友
05 我什么都喜欢
06 晚上吃什么都好吃
07 都是我的错
08 都是你的福
09 昨天连一个小时都没睡
10 我连晚饭都没吃
11 都三十岁了
12 都新年了
13 时间都这么晚了
14 你们都真漂亮
15 韩国的首都是首尔
16 我们都知道美国的首都

작문 끝판왕
韩国的首都是哪里
这连我都知道
很多人都喜欢来首尔

🎯 확인사살 (연습문제)
1. ❶ : ③ ❷ : ②
   ❸ : ② ❹ : ⑤
   ❺ : ⑤ ❻ : ④

2. ❶ : 一切都会好的
   ❷ : 我男朋友他穿什么都很帅

3. ❶ : 他们都是中国人
   ❷ : 所有的人都喜欢韩国菜

UNIT 31 좋아요! 같이 가요!

🎯 원샷 원킬

- 안녕, 내일!
- 공부 열심히 하세요, 휴대폰 보지 말고.
- 완전 맛있다. 짱 달아.
- 한자 쓰는 건 정말 어려워!
- 난 이미 준비됐어, 너 좀만 기다려!
- 나는야 호기심 대장, 알고 싶은 게 너무 많아!

🎯 더블 킬

01 好
02 你好
03 你还好吗
04 我很好
05 我们都很好
06 有你真好
07 好好休息
08 有话好好说
09 咖啡真好喝
10 汉语很好学
11 不好卖
12 我好想你
13 我的女朋友好漂亮
14 我已经准备好了
15 看好了吗? 我还没看好
16 这就是我的爱好

작문 끝판왕

汉语好难吗
汉语好学, 我们一起好好学吧
大家, 准备好了吗

🎯 확인사살 (연습문제)

① 好看
② 爱好
③ 好久
④ 好好
⑤ 看好
⑥ 好想
⑦ 真好

UNIT 32 많이 많이 고마워요

🎯 원샷 원킬

- 물 많이 마셔.
- 생각을 너무 많이 하지 마.
- 많이 많이 사랑해줘.
- 잘 부탁드립니다.
- 1분은 얼마나 길어요?
- 봐봐! 우리 양양이 얼마나 귀여워!

🎯 더블 킬

01 多
02 真多
03 太多
04 不太多
05 一点儿也(都)不多
06 有点儿多
07 多看, 多听
08 多吃水果
09 多休息
10 多多爱我
11 请多多指教
12 有多疼
13 妈妈有多累
14 你的爱有多深

작문 끝판왕

梦想离我们有多远
我们多多努力吧
有梦想的我们多漂亮啊

🎯 확인사살 (연습문제)

① 多
② 多
③ 多多 (多)
④ 多多 (多)
⑤ 多多 (多)
⑥ 多多 (多)
⑦ 多多 (多)
⑧ 多多 (多)

UNIT 33 우리 열정은 늙지 않을 겁니다.

🎯 원샷 원킬

- 또 한 살 먹었구나.
- 사람은 늙지만 사랑은 늙지 않는다. 행복한 노부부.
- 우린 오랜 친구!
- 생쥐와 호랑이의 이야기
- 아이가 게임만 해. 어떡한담!
- 오늘 저녁 늘 만나던 곳에서 보자~

🎯 더블 킬

- 01 老
- 02 老了
- 03 不想老
- 04 又老了一岁
- 05 想和你一起慢慢老
- 06 我们是老朋友
- 07 他是个老手
- 08 我们的老师
- 09 你的老家在哪儿
- 10 我是老大
- 11 他老迟到
- 12 你怎么老看电视
- 13 还是老样子
- 14 明天我们在老地方见

작문 끝판왕

她是我们的汉语老师
她老是说 "还不晚"
她老了, 但是她的热情不老

🎯 확인사살 (연습문제)

1. B : 老朋友
2. A : 老大
3. B : 又老了
4. A : 老家
5. B : 老样子
6. B : 老地方

UNIT 34 언제나 여기에서 지켜보고 있어요

🎯 원샷 원킬

- 나 널 보고 있잖아. 널 그리워하잖아. 널 사랑하잖아♡
- 조급해하지 마라. 이것 또한 지나가리라.
- 양 한 마리, 양 두 마리, 양 만 마리.
  밤에 잠이 안 와서 너무 힘들어.
- 쟤네 둘 서서 뭐하는 거야?
- 오성급 호텔의 종업원은 옷차림에 유의해야 한다.
- 2017년 휴일 배치가 얼마나 아름다운지.
  개천절 다음엔 추석, 추석 다음엔 한글날!

🎯 더블 킬

- 01 看着
- 02 老师站着
- 03 亲爱的, 我想着你
- 04 坐着看书的人
- 05 你给我等着
- 06 马上要着手
- 07 我笑着回家
- 08 她哭着说
- 09 我们太忙着呢
- 10 时间还早着呢
- 11 他睡着了
- 12 别着急
- 13 她又着凉了
- 14 我们接着看吧
- 15 随着毕业, 爱情也结束了
- 16 成功意味着什么

작문 끝판왕

我每天看着她
她每天笑着看书
她说, 这不是爱情而是执着

🎯 확인사살 (연습문제)

1. ❶ : ③ ❷ : ④ ❸ : ② ❹ : ⑤ ❺ : ②, ④

2. ❶ 随着社会的发展 — [zháo]
   ❷ 我会尽力着手去做的 — [zhe]
   ❸ 你着什么急呢 — [zhuó]

3. ❶ : 他坐着干活 ❷ : 她站着打电话
   ❸ : 小狗看着他们 ❹ : 小猫睡着了
   ❺ : 这样造句子, 有意思着呢

UNIT 35 아무 걱정 마요! 제가 있잖아요

원샷 원킬

- 너희들 다 여행가고 집에 없으면, 나는?
- 우리 자기, 어딨어요? 내가 찾고 있잖아~
- 며칟날 돌아와? 네가 보고 싶어서 어떡하지?
- 그녀가 날 좋아할까? 안 좋아할까?
- 사실은 말야, 우리 모두 똑같아. 하하.
- 무서워하지 마. 내가 있잖아~ 난 항상 있잖아~

더블 킬

01 我喜欢你, 你呢
02 你今天不来? 那明天呢
03 你走了, 那我们呢
04 为什么呢
05 时间都去哪儿了呢
06 这个汉子是怎么写的呢
07 今天我们吃什么呢
08 外边是谁呢
09 你的女儿今年几岁呢
10 别打扰, 现在看书呢
11 我们在等你呢
12 你看看, 没有呢
13 我呢, 不想去中国呢
14 我们公司呢, 工资不太高
15 别担心, 有我呢

작문 끝판왕

我是个单身, 你呢
我为什么没有女朋友呢
啊~ 真想哭呢
其实呢, 一个人更好

확인사살 (연습문제)

1. ❶ : 我要炸酱面, 你呢
   ❷ : 我们怎么办呢
   ❸ : 我在做作业呢
   ❹ : 有我呢

2.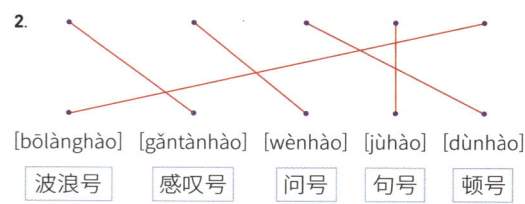

[bōlànghào] [gǎntànhào] [wènhào] [jùhào] [dùnhào]
波浪号　感叹号　问号　句号　顿号